EINLEITUNG

Begrüßung und Einführung

Bedeutung des Ramadan als transformative Zeit

Assalamu Alaikum wa Rahmatullahi wa Barakatuh,

der Ramadan ist mehr als nur ein Monat im Kalender. Es ist ein Geschenk, eine Einladung von Allah (SWT), dir selbst näherzukommen, deinen Schöpfer bewusster zu spüren und dein Leben in eine Richtung zu lenken, die auf deinem Glauben basiert. Es ist eine Zeit, die Herzen öffnet, Gedanken klärt und einen Raum schafft, in dem Transformation möglich wird.

Vielleicht hast du diesen Ramadan mit besonderen Hoffnungen und Wünschen begonnen. Vielleicht trägst du aber auch Herausforderungen mit dir, die dich begleiten. Was auch immer dich hierher gebracht hat – dieser Monat ist eine Gelegenheit, innezuhalten und bewusst einen neuen Schritt zu wagen.

Im Qur'an erinnert uns Allah (SWT) daran, warum das Fasten uns auferlegt wurde:

> „O die ihr glaubt, vorgeschrieben ist euch das Fasten, so wie es denjenigen vor euch vorgeschrieben war, auf dass ihr gottesfürchtig (Taqwa) werdet."
>
> (Surah Al-Baqarah, 2:183)

Das Ziel des Fastens ist Taqwa (Gottesfurcht) – ein Zustand des bewussten Lebens, in dem du Allah (SWT) in deinem Herzen und deinen Handlungen spürst. Taqwa leitet dich dazu an, dein Leben mit Klarheit und Hingabe zu gestalten, und der Ramadan ist die beste Zeit, um diesen Zustand zu erreichen.

Doch wie entsteht diese Veränderung? Sie beginnt mit dir. Der Verzicht auf Essen und Trinken, das Fasten der Sinne und das bewusste Lenken deiner Gedanken sind Mittel, um dich innerlich zu klären. Wenn dein Herz reiner wird, spürst du, wie deine Beziehung zu Allah (SWT) wächst. Und wenn diese Beziehung gestärkt wird, hat das Auswirkungen auf jeden Aspekt deines Lebens.

Der Ramadan ist eine transformative Zeit, weil er uns lehrt, dass Veränderung in kleinen, beständigen Schritten geschieht. Jeder Tag, an dem du dich bemühst – sei es durch Gebet, Qur'an-Lesungen oder eine kleine gute Tat – ist ein Schritt näher zu deinem Schöpfer. Jede Nacht, in der du Allah (SWT) um Vergebung bittest, ist eine Chance, Heilung und Frieden zu finden.

Nutze diesen Ramadan, um bewusster zu leben, Verbindungen zu stärken – zu Allah (SWT), zu dir selbst und zu anderen.

Möge dieser Monat für dich ein Wendepunkt sein, eine Zeit, in der du Frieden findest, deine Ziele klarer siehst und Allahs (SWT) Liebe in jeder deiner Bemühungen spürst. Ramadan ist dein Moment, deine Einladung zu einem Leben voller Taqwa und spirituellem Wachstum.

Bismillah – starte diese Reise mit Hoffnung und der Gewissheit, dass Allah (SWT) immer bei dir ist.

Die Vorstellung des Buches und sein Ziel: Heilung, Reflexion und spirituelles Wachstum.

Der Ramadan ist viel mehr als nur ein Monat der Rituale. Es ist eine Zeit, in der du die Vergangenheit reflektierst, die Gegenwart achtsam lebst und deine Perspektive auf die Zukunft mit Klarheit und Hoffnung ausrichtest. Dieses Buch ist dein Begleiter auf diesem Weg – es soll dir helfen, bewusster zu leben, tiefer zu fühlen und stärker zu glauben.

Die Struktur des Buches lädt dich ein, dich mit drei zentralen Aspekten auseinanderzusetzen:

1. **Heilung von der Vergangenheit:** Jeder von uns trägt Erfahrungen und Emotionen mit sich, die uns geprägt haben. Manche davon sind eine Quelle der Stärke, andere eine Last. Dieses Buch hilft dir, diese Lasten abzulegen und die Lehren aus deiner Vergangenheit zu schätzen.
2. **Reise mit der Gegenwart:** Im Ramadan geht es darum, im Hier und Jetzt zu leben, deine Handlungen zu überdenken und bewusst zu handeln. Mit Reflexionsfragen und Übungen unterstützt dich dieses Buch dabei, deinen Alltag im Ramadan mit Sinn zu füllen.
3. **Ausblick auf die Akhirah:** Jede Entscheidung, die du triffst, formt nicht nur dein Leben hier, sondern auch dein ewiges Leben. Dieses Buch wird dir helfen, deine Vision für eine Zukunft zu entwickeln, die Allahs (SWT) Wohlgefallen sucht und deinem Herzen Frieden bringt.

Dieses Buch ist nicht dazu da, dich zu perfektionieren oder dir ein Ideal aufzudrängen. Es ist eine sanfte Begleitung, die dir Raum gibt, deinen eigenen Weg zu finden – einen Weg, der so einzigartig ist wie du. Egal, ob du bereits tief in deinem Glauben verwurzelt bist oder gerade erst deine spirituelle Reise beginnst, die

Botschaften dieses Buches sind für dich gedacht.

Jedes Kapitel bietet dir inspirierende Worte, praktische Übungen und Raum für deine eigenen Gedanken. Du wirst durch Du'a und Dhikr (Gedenken an Allah (SWT) dazu eingeladen, eine tiefere Verbindung zu deinem Schöpfer aufzubauen. Es geht darum, diesen Ramadan so zu erleben, dass er nicht nur für diesen Monat, sondern für dein ganzes Leben eine Veränderung bewirkt.

Bismillah, beginne mit Vertrauen in deinen Herrn und in dich selbst. Möge Allah (SWT) dich auf diesem Weg leiten und segnen.

Wie man das Buch nutzt - Struktur, tägliche Kapitel und Raum für persönliche Notizen

Dieses Buch ist kein starres Werkzeug. Es ist flexibel, so wie du es brauchst. Manche Tage wirst du vielleicht mehr Zeit haben, um dich ausführlich mit den Texten und Übungen auseinanderzusetzen. An anderen Tagen mag deine Zeit begrenzter sein – das ist in Ordnung. Wichtig ist, dass du dir den Raum gibst, diesen Prozess in deinem eigenen Tempo zu durchlaufen.

Du kannst die Kapitel in chronologischer Reihenfolge lesen, um jeden Tag im Ramadan bewusst zu gestalten. Du kannst aber auch gezielt zu Themen zurückkehren, die dich besonders ansprechen oder bei denen du dir mehr Klarheit wünschst. Das Buch ist wie ein Freund, der dich begleitet – egal, wo du dich auf deiner Reise befindest.

Jedes Kapitel ist so gestaltet, dass es dir einen klaren Fokus für den Tag gibt. Es leitet dich an, zu reflektieren, dich mit deinem Glauben zu verbinden und praktische Schritte zu unternehmen, um deine spirituelle Entwicklung zu fördern. Die Struktur eines jeden Tages sieht wie folgt aus:

1. Reflexion und Motivation

Zu Beginn eines jeden Kapitels findest du einen inspirierenden Text, der dich einlädt, über ein bestimmtes Thema nachzudenken. Diese Texte basieren auf den Lehren des Islam und sind darauf ausgerichtet, dir Hoffnung, Perspektive und spirituelle Tiefe zu geben. Sie sollen dich ermutigen, über deine eigene Reise zu Allah (SWT) nachzudenken und deine Verbindung zu ihm zu stärken.

2. Dein persönliches Bittgebet

Ein Bittgebet, das speziell auf das Thema des Tages abgestimmt ist, begleitet dich. Es soll dir helfen, deine Gedanken und Wünsche in Worte zu fassen und sie in aufrichtigem Du'a an Allah (SWT) zu richten. Du wirst erleben, wie kraftvoll diese Momente des Gebets sind, wenn sie mit deinem Herzen verbunden sind.

3. Raum für deine Gedanken

Hier hast du die Möglichkeit, das Gelesene zu verinnerlichen und deine eigenen Gedanken und Gefühle zu Papier zu bringen. Du findest gezielte Reflexionsfragen, die dich dazu ermutigen, über deine Erfahrungen, Ziele und Herausforderungen nachzudenken. Nutze diesen Abschnitt, um deine innere Reise festzuhalten.

4. Umsetzung im Alltag

Es reicht nicht, nur zu lesen und zu reflektieren. Der wahre Wandel geschieht, wenn du dein Wissen und deine Erkenntnisse in die Tat umsetzt. Jede Übung ist so gestaltet, dass sie dir konkrete Handlungsschritte gibt, die du in deinen Alltag integrieren kannst. Diese kleinen, bewussten Schritte helfen dir, den Ramadan als transformative Zeit zu erleben.

5. Göttliche Weisheit für den Tag

Jeder Tag schließt mit einem Qur'an-Vers oder einem authentischen Zitat, das das Thema des Tages unterstreicht. Diese Worte sind dazu gedacht, dir Orientierung zu geben und dich in deiner spirituellen Reflexion zu begleiten.

TEIL 1:

HEILUNG VON DER VERGANGENHEIT (TAG 1-10)

RAMADAN TAG 1:
Reflektion

Heute beginnt deine Reise durch den gesegneten Monat Ramadan. Dieser erste Tag ist eine Einladung, innezuhalten, dich zu sammeln und mit einem offenen Herzen zu starten. Reflektion ist der erste Schritt auf deinem Weg der Heilung und spirituellen Erneuerung.

Vielleicht fühlst du dich manchmal von der Vergangenheit eingeholt – durch Entscheidungen, die du bereust, oder durch Momente, in denen du dir selbst oder anderen nicht gerecht geworden bist. Aber der Ramadan erinnert dich daran, dass es nie zu spät ist, neu zu beginnen. Allah (SWT) ist der Barmherzige, der Vergebende. Jede Sünde, jedes Versäumnis, jede Last, die du trägst, kann durch deine aufrichtige Reue und deinen Wunsch, dich zu verbessern, gewendet werden.

Der erste Schritt zur Heilung ist, deine Vergangenheit nicht zu leugnen, sondern sie anzunehmen. Reflektiere über die Dinge, die dich hierher geführt haben – die guten wie die schwierigen. Frage dich, was du daraus lernen kannst, wie sie dich geformt haben und wie du sie nutzen kannst, um stärker und bewusster zu werden.

Allah (SWT) sagt im Qur'an:

> "Sag: O Meine Diener, die ihr gegen euch selbst maßlos gewesen seid, verliert nicht die Hoffnung auf Allahs Barmherzigkeit. Gewiß, Allah vergibt die Sünden alle. Er ist ja der Allvergebende und Barmherzige."
>
> (Surah Az-Zumar, 39:53)

Dieser Vers ist ein Versprechen der Hoffnung. Er erinnert dich daran, dass Allahs (SWT) Barmherzigkeit größer ist als jede deiner Fehler. Nutze diesen Tag, um darüber nachzudenken, wo du stehst und um mit Zuversicht den nächsten Schritt zu machen.

DEIN PERSÖNLICHES GEBET

„Oh Allah, der Barmherzige und Vergebende, hilf mir, die Lasten meiner Vergangenheit loszulassen. Reinige mein Herz von Bedauern und Groll und schenke mir die Stärke, aus meinen Fehlern zu lernen. Lass mich deine Barmherzigkeit spüren und führe mich auf den Weg, der zu dir führt. Amin."

RAUM FÜR DEINE GEDANKEN

Nutze diesen Abschnitt, um über folgende Fragen nachzudenken und deine Antworten aufzuschreiben:

Welche Momente in meiner Vergangenheit trage ich noch mit mir, die mich belasten?

Welche Lektionen habe ich aus diesen Erfahrungen gelernt?

Welche Aspekte meiner Vergangenheit bin ich bereit, heute Allah (SWT) anzuvertrauen, um Heilung zu finden?

UMSETZUNG IM ALLTAG

Heute ist der perfekte Tag, um einen Schritt in Richtung Heilung zu machen:

Schreibe einen kurzen Brief an deine Vergangenheit. Danke dir selbst für die Stärke, die dich bis hierher gebracht hat, und verabschiede dich von allem, was dich zurückhält.

Lies diesen Brief laut vor und schließe mit einem Du'a, in dem du Allah (SWT) um Vergebung und Heilung bittest. Was hast du dabei gefühlt?

GÖTTLICHE WEISHEIT FÜR DEN TAG

„Und wer etwas Böses tut oder sich selbst Unrecht zufügt und hierauf Allah um Vergebung bittet, wird Allah Allvergebend und Barmherzig finden."

(Surah An-Nisa, 4:110)

RAMADAN TAG 2:
Verantwortung

Der Beginn des Ramadan ist ein idealer Zeitpunkt, um über die Verantwortung nachzudenken, die wir in unserem Leben tragen – gegenüber uns selbst, unserer Familie, der Gemeinschaft und vor allem gegenüber Allah (SWT). Verantwortung bedeutet, bewusst mit den Gaben umzugehen, die Allah (SWT) uns anvertraut hat: Zeit, Gesundheit, Wissen, Reichtum und unsere Beziehungen.

Es ist leicht, sich im Alltag von dieser Verantwortung entfernt zu fühlen, besonders wenn uns die Routine vereinnahmt. Doch der Ramadan ruft uns auf, innezuhalten und neu zu bewerten, wie wir unsere Verantwortung wahrnehmen. Diese Zeit ist eine Einladung, bewusster und achtsamer zu werden.

Allah (SWT) erinnert uns im Qur'an:

> "Und hütet euch vor einem Tag, an dem ihr zu Allah zurückgebracht werdet. Dann wird jeder Seele in vollem Maß zukommen, was sie verdient hat, und es wird ihnen kein Unrecht zugefügt."
>
> (Surah Al-Baqarah, 2:281)

Dieser Vers fordert uns auf, die Konsequenzen unseres Handelns zu bedenken. Verantwortung bedeutet nicht, perfekt zu sein, sondern mit Aufrichtigkeit zu handeln und das Beste zu geben. Es geht darum, bewusst zu entscheiden und zu handeln, im Wissen, dass Allah (SWT) all unsere Bemühungen sieht.

Heute ist ein guter Moment, um Verantwortung für deine Reise zu übernehmen. Welche Aspekte deines Lebens möchtest du bewusster gestalten? Wo kannst du mehr tun, um Allahs Wohlgefallen zu erlangen? Der Ramadan bietet dir die Möglichkeit, diese Fragen ehrlich zu beantworten und Schritte in die richtige Richtung zu gehen.

DEIN PERSÖNLICHES GEBET

„Oh Allah, der Allwissende, der Allweise, leite mich dazu, meine Verantwortung in dieser Welt mit Aufrichtigkeit und Hingabe zu erfüllen. Gib mir die Kraft, das Richtige zu tun, und das Herz, Verantwortung mit Dankbarkeit und Demut zu tragen. Vergib mir meine Fehler und hilf mir, mich zu verbessern. Amin."

RAUM FÜR DEINE GEDANKEN

Nimm dir einen Moment, um über diese Fragen nachzudenken und deine Antworten aufzuschreiben:

Welche Verantwortung trage ich in meinem Leben, die ich manchmal vernachlässige?

Wie kann ich meine Zeit und Ressourcen bewusster einsetzen, um Allahs (SWT) Wohlgefallen zu erlangen?

Was bedeutet es für mich, Verantwortung vor Allah (SWT) zu tragen, und wie kann ich daran wachsen?

UMSETZUNG IM ALLTAG

Verantwortung erfordert kleine, bewusste Handlungen. Setze heute einen konkreten Schritt:

Schreibe eine Liste mit drei Bereichen deines Lebens, in denen du deine Verantwortung achtsamer wahrnehmen möchtest (z. B. Familie, Gebete, Gemeinschaft).

Wähle einen dieser Bereiche aus und nimm dir vor, heute eine spezifische Handlung umzusetzen (z. B. ein aufmerksames Gespräch, eine Spende, oder ein extra Gebet). Notiere deine Handlung.

GÖTTLICHE WEISHEIT FÜR DEN TAG

"Wir haben das anvertraute Gut den Himmeln und der Erde und den Bergen angeboten, aber sie weigerten sich, es zu tragen, sie scheuten sich davor. Der Mensch trug es - gewiß, er ist sehr oft ungerecht und sehr oft töricht."

(Surah Al-Ahzab, 33:72)

RAMADAN TAG 3:
Liebe

Der Ramadan ist eine Zeit, in der die Liebe in ihrer reinsten Form erlebbar wird – die Liebe zu Allah (SWT), zu dir selbst und zu den Menschen um dich herum. Liebe ist die Essenz unseres Glaubens, denn sie verbindet uns mit dem Schöpfer und mit Seiner Schöpfung.

Allahs (SWT) Liebe zu dir ist grenzenlos und unermesslich. Er erinnert uns im Qur'an immer wieder an Seine Barmherzigkeit und Vergebung. Jede Gelegenheit, die Er dir gibt, sei es ein neuer Tag oder ein neuer Ramadan, ist ein Zeichen Seiner Liebe. Diese Liebe ist es, die dich dazu einlädt, dich Ihm zuzuwenden, deine Seele zu reinigen und dein Herz mit Frieden zu füllen.

"Sag: Wenn ihr Allah liebt, dann folgt mir. So liebt euch Allah und vergibt euch eure Sünden. Allah ist Allvergebend und Barmherzig."

(Surah Aal-Imran, 3:31)

Dieser Vers erinnert uns daran, dass Liebe zu Allah (SWT) durch Hingabe und Gehorsam gezeigt wird – durch unsere Gebete, unser Fasten und unsere guten Taten. Doch diese Liebe ist keine Last, sondern eine Quelle der Stärke. Sie erfüllt dein Herz mit Hoffnung und gibt dir den Mut, dich immer wieder zu verbessern.

Heute lade ich dich ein, über die Liebe nachzudenken, die in deinem Leben eine Rolle spielt. Wie kannst du die Liebe zu Allah (SWT) stärken? Wie kannst du mehr Liebe für dich selbst empfinden, indem du dich selbst mit Gnade und Vergebung betrachtest? Und wie kannst du diese Liebe in deinen Beziehungen ausdrücken? Der Ramadan ist der ideale Moment, um deine Liebe auf all diesen Ebenen zu vertiefen.

DEIN PERSÖNLICHES GEBET

„Oh Allah, erfülle mein Herz mit deiner Liebe und lasse sie in meinen Handlungen sichtbar werden. Hilf mir, mich selbst mit Gnade zu betrachten, anderen mit Liebe zu begegnen und meine Beziehung zu dir zu stärken. Lass mich stets in deiner Nähe sein. Amin."

RAUM FÜR DEINE GEDANKEN

Nimm dir einen Moment Zeit, um über diese Fragen nachzudenken und deine Gedanken aufzuschreiben:

Wie spüre ich Allahs (SWT) Liebe in meinem Leben, und wie kann ich sie bewusster wahrnehmen?

Was bedeutet es für mich, mich selbst mit Liebe und Gnade zu betrachten?

In welcher Beziehung möchte ich heute Liebe ausdrücken, und wie kann ich das tun?

UMSETZUNG IM ALLTAG

Heute lade ich dich ein, Liebe in einer kleinen, bewussten Handlung auszudrücken:

Schreibe drei Dinge auf, für die du Allahs (SWT) Liebe in deinem Leben erkennst, und sprich ein Du'a der Dankbarkeit.

Denke an eine Person, die dir wichtig ist, und zeige ihr heute bewusst Liebe – durch ein liebevolles Gespräch, ein Lächeln oder eine kleine Geste der Fürsorge. Wie hast du dich dabei gefühlt?

Schau in den Spiegel und erinnere dich daran, dass du ein Geschöpf Allahs bist, das Seine Liebe und Gnade verdient. Sage laut: „Ich bin wertvoll in den Augen Allahs (SWT)." Wie hast du dich dabei gefühlt?

GÖTTLICHE WEISHEIT FÜR DEN TAG

"Und Er ist der Allvergebende und Liebevolle,"

(Surah Al-Buruj, 85:14)

RAMADAN TAG 4:
Dankbarkeit & Demut

Dankbarkeit ist der Schlüssel zu einem erfüllten Herzen und einer tiefen Verbindung zu Allah (SWT). Wenn du dich für einen Moment hinsetzt und über all die Gaben nachdenkst, die Allah (SWT) dir gewährt hat – die Luft, die du atmest, die Nahrung, die dich stärkt, die Liebe deiner Familie und die unzähligen Gelegenheiten zur Verbesserung – dann erkennst du, wie sehr Allah (SWT) dich segnet. Selbst in schwierigen Zeiten gibt es immer etwas, wofür du dankbar sein kannst.

Allah (SWT) sagt im Qur'an:

> Und als euer Herr ankündigte: "Wenn ihr dankbar seid, werde Ich euch ganz gewiß noch mehr (Gunst) erweisen. Wenn ihr jedoch undankbar seid, dann ist meine Strafe fürwahr streng."
>
> (Surah Ibrahim, 14:7)

Dieser Vers erinnert uns daran, dass Dankbarkeit nicht nur ein Akt der Anerkennung ist, sondern auch ein Mittel, um Segen in unserem Leben zu mehren. Dankbarkeit reinigt das Herz von Negativität, indem sie dich dazu bringt, auf die guten Dinge zu achten, die Allah (SWT) dir gegeben hat. Sie ist ein Weg, deinen Fokus von dem, was fehlt, auf das zu lenken, was bereits da ist.

Heute lade ich dich ein, bewusst dankbar zu sein. Denke an die Gaben, die Allah (SWT) dir geschenkt hat, und lass diese Dankbarkeit in deinem Herzen wachsen. Durch Dankbarkeit kommst du Allah (SWT) näher und kannst den Ramadan mit einem Herzen voller Zufriedenheit und Freude beginnen.

DEIN PERSÖNLICHES GEBET

„Oh Allah, ich danke Dir für all die Gaben, die Du mir gegeben hast, sichtbar und unsichtbar. Öffne mein Herz, damit ich Deine Barmherzigkeit und Liebe erkenne. Hilf mir, meine Dankbarkeit durch gute Taten und Hingabe zu zeigen. Lass mich immer daran denken, dass jede Segnung von Dir kommt. Amin."

RAUM FÜR DEINE GEDANKEN

Nutze diesen Abschnitt, um deine Gedanken zur Dankbarkeit festzuhalten. Beantworte dabei folgende Fragen:

Für welche drei Dinge in meinem Leben bin ich heute besonders dankbar?

Wie kann ich meine Dankbarkeit Allah (SWT) gegenüber in Handlungen ausdrücken?

Welche Segnungen nehme ich oft als selbstverständlich hin, die ich heute bewusster wahrnehmen möchte?

UMSETZUNG IM ALLTAG

Dankbarkeit wird am besten gezeigt, wenn sie in Taten übergeht. Heute kannst du die Dankbarkeit aktiv leben:

Nimm dir fünf Minuten, um über drei Dinge nachzudenken, die dich heute glücklich gemacht haben, und sage Alhamdulillah dafür.

Zeige jemandem, dass du ihn oder sie schätzt – sei es durch eine Umarmung, ein liebes Wort oder eine kleine Geste. Wie hast du dich danach gefühlt?

GÖTTLICHE WEISHEIT FÜR DEN TAG

"Und Allah hat euch aus den Leibern eurer Mütter hervorgebracht, während ihr nichts wusstet." Und Er hat euch Gehör, Augenlicht und Herzen gegeben, auf daß ihr dankbar sein möget."

(Surah An-Nahl, 16:78)

RAMADAN TAG 5:
Angst & Furcht

Angst ist eine der tiefsten und grundlegendsten Emotionen, die wir als Menschen erleben. Sie kann uns lähmen, uns von unseren Zielen abhalten oder uns in einen Zustand der Sorge versetzen, die uns innerlich belastet. Doch Angst ist nicht immer ein Feind – sie kann auch eine Einladung sein, uns Allah (SWT) zuzuwenden.

Im Qur'an erinnert uns Allah (SWT):

> "Sicherlich, über Allahs Gefolgsleute soll keine Furcht kommen, noch sollen sie traurig sein,"
>
> (Surah Yunus, 10:62)

Dieser Vers gibt uns Trost und Hoffnung. Er zeigt uns, dass die Nähe zu Allah (SWT) ein Mittel ist, Angst zu überwinden. Wenn du dich von Angst überwältigt fühlst – sei es Angst vor Versagen, vor Verlust oder vor dem Ungewissen –, dann ist der Ramadan die perfekte Zeit, diese Gefühle in die Hände Allahs (SWT) zu legen.

Allah ist derjenige, der alle Angelegenheiten in Seiner Kontrolle hat. Angst entsteht oft, wenn wir uns machtlos fühlen. Doch der Glaube erinnert uns daran, dass wir nicht alleine sind. Indem du deine Sorgen in einem aufrichtigen Du'a vor Allah (SWT) bringst, erkennst du an, dass du nicht alles alleine tragen musst.

Ramadan ist eine Zeit, in der du die Möglichkeit hast, deine Ängste in Hoffnung umzuwandeln. Nutze diesen Monat, um dich auf Allahs (SWT) Versprechen der Barmherzigkeit und Hilfe zu besinnen. Er ist der Beste, dem du deine Sorgen anvertrauen kannst.

DEIN PERSÖNLICHES GEBET

„Oh Allah, ich wende mich Dir mit meinen Ängsten zu. Nimm meine Sorgen und Unsicherheiten an und fülle mein Herz mit Vertrauen in Dich. Stärke meinen Glauben daran, dass Du immer bei mir bist und dass alles, was Du bestimmst, gut für mich ist. Amin."

RAUM FÜR DEINE GEDANKEN

Nimm dir etwas Zeit, um über folgende Fragen nachzudenken und deine Antworten aufzuschreiben:

Welche Ängste tragen mich durch mein Leben, und wie beeinflussen sie mich?

Was gibt mir Trost, wenn ich mich ängstlich fühle, und wie kann ich mich daran im Ramadan erinnern?

Wie kann ich Allah (SWT) meine Ängste anvertrauen und lernen, auf Seine Weisheit zu vertrauen?

UMSETZUNG IM ALLTAG

Um Angst zu überwinden, ist es hilfreich, konkrete Schritte zu unternehmen:

Nimm dir heute fünf Minuten, um ein Du'a zu sprechen, in dem du Allah (SWT) genau sagst, wovor du Angst hast. Halte dabei nichts zurück – Allah (SWT) versteht dein Herz.

Schreibe drei Dinge auf, die dich daran erinnern, dass Allah (SWT) für dich sorgt (z. B. ein Qur'an-Vers, eine vergangene Erfahrung, ein Segen in deinem Leben).

GÖTTLICHE WEISHEIT FÜR DEN TAG

"Sag: Uns wird nur das treffen, was Allah für uns bestimmt hat. Er ist unser Schutzherr. Auf Allah sollen sich die Gläubigen verlassen."

(Surah At-Tawbah, 9:51)

RAMADAN TAG 6:

Buße & Reue

Buße, oder Tawba, bedeutet, sich von den Fehlern der Vergangenheit abzuwenden und aufrichtig zu Allah (SWT) zurückzukehren. Es ist keine Last, sondern eine Befreiung. Allah erinnert uns im Qur'an daran, dass Er diejenigen liebt, die Reue zeigen:

> "Allah liebt die Reumütigen, und Er liebt die, die sich rein halten."
>
> (Surah Al-Baqarah, 2:222)

Buße ist der Moment, in dem du deine Fehler anerkennst, dich selbst nicht dafür verurteilst, sondern Allahs (SWT) unendliche Gnade suchst. Egal, was in deiner Vergangenheit liegt – ob es Worte, Taten oder verpasste Gelegenheiten waren – Allahs (SWT) Vergebung ist größer als jede Sünde.

Dieser sechste Tag des Ramadan ist der ideale Zeitpunkt, um dein Herz zu reinigen. Tawba schenkt dir nicht nur Vergebung, sondern auch die Chance, dich selbst zu erneuern. Es ist ein Zeichen der Stärke, nicht der Schwäche, denn es zeigt, dass du bereit bist, Verantwortung für deine Reise zu übernehmen und dich Allah (SWT) anzuvertrauen.

Beginne diesen Tag mit der Gewissheit, dass Allah (SWT) dir näher ist, als du vielleicht glaubst. Seine Barmherzigkeit kennt keine Grenzen, und jeder aufrichtige Schritt, den du zu Ihm machst, wird mit Liebe und Vergebung erwidert.

DEIN PERSÖNLICHES GEBET

„Oh Allah, ich komme zu Dir mit einem reumütigen Herzen. Vergib mir meine Fehler, meine Schwächen und die Gelegenheiten, die ich verpasst habe. Reinige mein Herz von Schuld und führe mich auf den Weg, der zu Deinem Wohlgefallen führt. Lass mich Deine Nähe spüren und schenke mir die Kraft, mich zu verbessern. Amin."

RAUM FÜR DEINE GEDANKEN

Nutze diesen Abschnitt, um über deine Reise der Buße nachzudenken:

Welche Momente oder Entscheidungen in meiner Vergangenheit möchte ich heute Allah (SWT) anvertrauen?

Was hält mich manchmal davon ab, um Vergebung zu bitten, und wie kann ich das überwinden?

Wie kann ich durch Buße und Vergebung Heilung finden und mich erneuern?

UMSETZUNG IM ALLTAG

Buße ist nicht nur ein innerer Prozess – sie kann auch durch Handlungen verstärkt werden. Heute kannst du die folgenden Schritte umsetzen:

Sprich Astaghfirullah (Ich bitte Allah um Vergebung) mindestens 33 Mal bewusst und mit aufrichtigem Herzen. Was hast du dabei gefühlt?

Schreibe drei konkrete Bereiche auf, in denen du dich verbessern möchtest, und plane kleine, umsetzbare Schritte, um dies zu erreichen.

Wenn möglich, entschuldige dich bei jemandem, den du vielleicht verletzt hast – sei es durch Worte oder Handlungen. Wie hast du dich danach gefühlt?

GÖTTLICHE WEISHEIT FÜR DEN TAG

"Und Ich bin wahrlich Allvergebend für denjenigen, der bereut und glaubt und rechtschaffen handelt und sich hierauf rechtleiten läßt."

(Surah Ta-Ha, 20:82)

RAMADAN TAG 7:
Anderen vergeben

Vergebung ist ein mächtiger Schlüssel zur Heilung – für dich selbst und für deine Beziehungen. Manchmal tragen wir die Last von Ärger, Schmerz oder Enttäuschung über andere Menschen in unserem Herzen. Doch diese Last kann uns davon abhalten, inneren Frieden zu finden und Allahs (SWT) Nähe zu spüren. Der heutige Tag widmet sich der Vergebung, einer Handlung, die nicht nur anderen zugutekommt, sondern auch dein eigenes Herz leichter macht.

Im Qur'an sagt Allah (SWT):

> "die in Freude und Leid ausgeben und ihren Grimm zurückhalten und den Menschen verzeihen. Und Allah liebt die Gutes Tuenden"
>
> (Surah Aal-Imran, 3:134)

Vergebung bedeutet nicht, dass wir die Fehler anderer Menschen gutheißen. Es bedeutet, dass wir uns entscheiden, den Schmerz loszulassen und Allah (SWT) zu vertrauen. Wenn du vergibst, öffnest du deinem Herzen die Tür für Frieden und Allahs (SWT) Gnade.

Im Ramadan, einem Monat der Barmherzigkeit, werden wir daran erinnert, dass auch wir auf Allahs (SWT) Vergebung angewiesen sind. Wie können wir Seine grenzenlose Vergebung erhoffen, wenn wir selbst nicht bereit sind, anderen zu vergeben? Lass diesen Tag ein Wendepunkt sein. Denke an diejenigen, die dich verletzt haben, und entscheide dich, ihnen zu vergeben – nicht, weil sie es verdienen, sondern weil du Allahs (SWT) Frieden suchst.

DEIN PERSÖNLICHES GEBET

„Oh Allah, hilf mir, mein Herz von Groll und Schmerz zu reinigen. Gib mir die Kraft, denen zu vergeben, die mich verletzt haben, und öffne mein Herz für Deinen Frieden. Vergib auch mir meine Fehler und führe mich auf den Weg Deiner Barmherzigkeit. Amin."

RAUM FÜR DEINE GEDANKEN

Nutze diesen Abschnitt, um deine Gedanken zur Vergebung festzuhalten:

Gibt es Menschen, denen ich noch vergeben muss? Warum fällt es mir schwer, loszulassen?

Wie kann Vergebung mein Herz und mein Leben leichter machen?

Welche Rolle spielt Vergebung in meiner Beziehung zu Allah (SWT)?

UMSETZUNG IM ALLTAG

Vergebung ist ein Akt der Befreiung. Setze heute einen kleinen, bewussten Schritt in diese Richtung:

Schreibe die Namen von drei Personen auf, denen du vergeben möchtest, und nimm dir vor, sie in deinem Herzen loszulassen.

Mache ein aufrichtiges Du'a für diese Personen, indem du Allah (SWT) bittest, sie zu segnen und ihre Angelegenheiten zu erleichtern. Wie hast du dich danach gefühlt?

GÖTTLICHE WEISHEIT FÜR DEN TAG

"Und es sollen diejenigen von euch, die Überfluß und Wohlstand besitzen, nicht schwören, sie würden den Verwandten, den Armen und denjenigen, die auf Allahs Weg ausgewandert sind, nichts mehr geben, sondern sie sollen verzeihen und nachsichtig sein. Liebt ihr es (selbst) nicht, daß Allah euch vergibt? Allah ist Allvergebend und Barmherzig."

(Surah An-Nur, 24:22)

RAMADAN TAG 8:
Schicksal & Bestimmung

Vielleicht gibt es Momente in deinem Leben, in denen du dich fragst: „Warum musste mir das passieren?“ oder „Was hätte ich anders machen können?“ Diese Fragen sind menschlich. Doch Qadr lehrt uns, Vertrauen in Allahs (SWT) Plan zu haben – auch wenn wir ihn nicht immer vollständig verstehen.

Im Qur'an sagt Allah (SWT):

> “Kein Unglück trifft ein auf der Erde oder bei euch selbst, ohne daß es in einem Buch (verzeichnet) wäre, bevor Wir es erschaffen - gewiß, dies ist Allah ein leichtes“
>
> (Surah Al-Hadid, 57:22)

Dieser Vers erinnert uns daran, dass alles, was geschieht, von Allah (SWT) bestimmt ist. Das bedeutet nicht, dass wir passiv sein sollen – im Gegenteil, es ist unsere Aufgabe, unser Bestes zu tun, Gutes zu suchen und für die Konsequenzen unserer Entscheidungen Verantwortung zu übernehmen. Doch am Ende gibt uns das Bewusstsein von Qadr Trost: Wir wissen, dass nichts ohne Allahs (SWT) Wissen geschieht und dass Er stets das Beste für uns will.

Lass diesen Tag ein Moment sein, in dem du loslässt. Übergib Allah (SWT) deine Sorgen, deine Reue über die Vergangenheit und deine Ängste vor der Zukunft. Vertraue darauf, dass alles, was geschieht, Teil eines größeren Plans ist – eines Plans, der von einem Herrn stammt, der dich liebt und nur dein Wohl sucht.

DEIN PERSÖNLICHES GEBET

„Oh Allah, ich vertraue mein Leben und mein Schicksal Deiner unendlichen Weisheit an. Stärke meinen Glauben daran, dass alles, was geschieht, aus Deiner Weisheit und Liebe stammt. Lass mein Herz mit Frieden erfüllt sein, wenn ich mich Deinem Plan anvertraue. Amin.“

RAUM FÜR DEINE GEDANKEN

Nutze diesen Abschnitt, um über das Konzept von Qadr nachzudenken:

Welche Ereignisse in meiner Vergangenheit habe ich noch nicht vollständig akzeptiert?

Wie kann das Bewusstsein von Qadr mir helfen, inneren Frieden zu finden?

In welchen Bereichen meines Lebens möchte ich Allahs (SWT) Plan mehr vertrauen?

UMSETZUNG IM ALLTAG

Das Vertrauen in Allahs (SWT) Plan ist ein Akt des Glaubens, den wir durch bewusste Schritte stärken können:

Denke an eine Situation in deinem Leben, die dir schwerfällt zu akzeptieren. Nimm dir Zeit, Allah (SWT) in einem Du'a darum zu bitten, dir Frieden und Verständnis zu schenken.

Lies einen Qur'an-Vers oder Hadith über Qadr und meditiere darüber, wie er dir Trost spenden kann. Wie hast du dich danach gefühlt?

GÖTTLICHE WEISHEIT FÜR DEN TAG

"Vorgeschrieben ist euch zu kämpfen, obwohl es euch zuwider ist. Aber vielleicht ist euch etwas zuwider, während es gut für euch ist, und vielleicht ist euch etwas lieb, während es schlecht für euch ist. Allah weiß, ihr aber wißt nicht."

(Surah Al-Baqarah, 2:216)

RAMADAN TAG 9:
Getestet werden

Jeder Mensch wird in seinem Leben auf die eine oder andere Weise getestet. Diese Prüfungen sind ein wesentlicher Bestandteil unseres Daseins und ein Zeichen dafür, dass Allah (SWT) uns nicht aus den Augen verliert. Sie erinnern uns daran, dass wir nicht allein durch unsere eigene Stärke bestehen, sondern dass wir uns auf Allahs Hilfe und Führung verlassen müssen.

Im Qur'an sagt Allah:

> "Und Wir werden euch ganz gewiss mit ein wenig Furcht und Hunger und Mangel an Besitz, Seelen und Früchten prüfen. Doch verkünde frohe Botschaft den Standhaften,"
>
> (Surah Al-Baqarah, 2:155)

Dieser Vers zeigt, dass Prüfungen Teil unseres Lebensplans sind. Sie dienen nicht dazu, uns zu strafen, sondern uns zu lehren, zu wachsen und uns Allah (SWT) näherzubringen. Wenn du getestet wirst, ist es eine Gelegenheit, deinen Glauben zu stärken und dein Vertrauen in Allah (SWT) zu erneuern.

Manchmal erscheinen die Tests, die wir erleben, überwältigend. Doch der Ramadan erinnert uns daran, dass selbst die schwierigsten Prüfungen einen Zweck haben. Sie schärfen unseren Charakter, stärken unsere Geduld und lassen uns Allahs (SWT) Nähe spüren.

Heute bist du eingeladen, deine Prüfungen mit einem neuen Blick zu betrachten. Sie sind nicht nur Herausforderungen, sondern auch Chancen – Gelegenheiten, über deine Stärke, deinen Glauben und deine Verbindung zu Allah (SWT) nachzudenken.

DEIN PERSÖNLICHES GEBET

„Oh Allah, hilf mir, die Prüfungen in meinem Leben mit Geduld und Zuversicht zu ertragen. Lass mich erkennen, dass jede Prüfung ein Zeichen Deiner Liebe und eine Gelegenheit ist, mich Dir zu nähern. Gib mir die Kraft, standhaft zu bleiben und aus jeder Herausforderung zu lernen. Amin."

RAUM FÜR DEINE GEDANKEN

Nutze diesen Abschnitt, um über die Prüfungen in deinem Leben nachzudenken:

Welche Prüfungen habe ich in meinem Leben erlebt, und wie habe ich darauf reagiert?

Wie haben diese Prüfungen meinen Charakter und meinen Glauben beeinflusst?

Wie kann ich Allah (SWT) um Hilfe bitten, wenn ich mich von einer Prüfung überwältigt fühle?

UMSETZUNG IM ALLTAG

Prüfungen zu akzeptieren und aus ihnen zu lernen, erfordert bewusste Schritte. Setze heute einen kleinen, aber bedeutungsvollen Schritt:

Schreibe eine vergangene Prüfung auf, die dir schwer fiel, und notiere, welche Lektionen du daraus gelernt hast.

Bete ein besonderes Du'a, in dem du Allah (SWT) für die Stärke dankst, die Er dir in schwierigen Zeiten gegeben hat. Wie hast du dich danach gefühlt?

Wenn du gerade eine Prüfung erlebst, identifiziere eine positive Handlung, die dir hilft, diese Herausforderung zu meistern – sei es Geduld, Dankbarkeit oder Vergebung.

GÖTTLICHE WEISHEIT FÜR DEN TAG

“Allah erlegt keiner Seele mehr auf, als sie zu leisten vermag. Ihr kommt (nur) zu, was sie verdient hat, und angelastet wird ihr (nur), was sie verdient hat. “Unser Herr, belange uns nicht, wenn wir (etwas) vergessen oder einen Fehler begehen. Unser Herr, lege uns keine Bürde auf, wie Du sie denjenigen vor uns auferlegt hast. Unser Herr, bürde uns nichts auf, wozu wir keine Kraft haben. Verzeihe uns, vergib uns und erbarme Dich unser! Du bist unser Schutzherr. So verhilf uns zum Sieg über das ungläubige Volk!”

(Surah Al-Baqarah, 2:286)

RAMADAN TAG 10:
Ehrlichkeit & Vergangenheit

Der erste Schritt zur Heilung ist Ehrlichkeit – besonders Ehrlichkeit mit dir selbst und mit Allah (SWT). Heute beginnt eine Reise, die dich einlädt, deine Vergangenheit in den Händen deines Schöpfers loszulassen. Es geht darum, alles, was dich belastet, Allah anzuvertrauen und dein Herz für Seine Barmherzigkeit zu öffnen.

Vielleicht gibt es Momente in deiner Vergangenheit, die dich immer noch verfolgen – Fehler, die du bereust, Entscheidungen, die du nicht rückgängig machen kannst, oder Worte, die unausgesprochen blieben. Doch Allah (SWT) erinnert uns daran, dass kein Schmerz und keine Sünde zu groß sind, um von Seiner unendlichen Barmherzigkeit bedeckt zu werden:

> "Und Allah will eure Reue annehmen; diejenigen aber, die den Begierden folgen, wollen, daß ihr (vom rechten Weg) völlig abweicht."
>
> (Surah An-Nisa, 4:27)

Dieser Vers ist eine Einladung, mit all deinen Sorgen und Fehlern zu Allah (SWT) zu kommen. Du musst deine Vergangenheit nicht verstecken – Allah weiß bereits alles.

Mach dir bewusst, dass dieser Akt der Offenheit dich nicht schwächt, sondern stärkt. Indem du deine Vergangenheit anerkennst und sie Allah (SWT) anvertraust, befreist du dich von der Last, sie alleine tragen zu müssen. Heute ist der Tag, an dem du mit Allah (SWT) ins Reine kommst, nicht, weil du perfekt bist, sondern weil du bereit bist, deine Beziehung zu Ihm zu erneuern.

DEIN PERSÖNLICHES GEBET

„Oh Allah, ich komme zu Dir mit all meinen Sorgen und Fehlern. Vergib mir, was ich falsch gemacht habe, und schenke mir die Kraft, aus meinen Fehlern zu lernen. Hilf mir, die Vergangenheit loszulassen und auf Dich zu vertrauen. Führe mich auf den Weg Deiner Nähe und Barmherzigkeit. Amin."

RAUM FÜR DEINE GEDANKEN

Nimm dir einen Moment Zeit, um über deine Vergangenheit nachzudenken. Schreibe deine Gedanken zu folgenden Fragen auf:

Welche Ereignisse oder Entscheidungen aus meiner Vergangenheit belasten mich noch heute?

Wie kann ich diesen Momente Allah (SWT) anvertrauen und Frieden finden?

Welche Lehren habe ich aus meiner Vergangenheit gezogen, die mich stärker gemacht haben?

UMSETZUNG IM ALLTAG

Die Vergangenheit loszulassen ist ein Prozess, der mit kleinen Schritten beginnt. Heute kannst du Folgendes tun:

Nimm dir zehn Minuten Zeit, um ein stilles Du'a zu sprechen. Erzähle Allah (SWT) alles, was dich belastet. Wie hast du dich danach gefühlt?

Schreibe auf, was du Allah (SWT) heute übergeben möchtest. Lies deine Liste laut vor und sage am Ende: „Ich vertraue Dir, oh Allah."

Entscheide dich bewusst, einen Akt der Vergebung zu praktizieren – sei es gegenüber dir selbst oder einer anderen Person. Wie hast du dich danach gefühlt?

GÖTTLICHE WEISHEIT FÜR DEN TAG

„außer demjenigen, der bereut, glaubt und rechtschaffene Werke tut; jenen wird Allah ihre bösen Taten gegen gute eintauschen; und Allah ist stets Allvergebend und Barmherzig."

(Surah Al-Furqan, 25:70)

TEIL 2:

REISE MIT DER GEGENWART (TAG 11-20)

RAMADAN TAG 11:
Hier und Jetzt

Die Gegenwart ist ein Geschenk, das wir oft unterschätzen. Unser Geist neigt dazu, zwischen der Vergangenheit – mit ihren Erinnerungen und Reue – und der Zukunft – mit ihren Hoffnungen und Ängsten – hin und her zu springen. Doch der Ramadan lädt dich ein, im Moment zu verweilen und die Gegenwart bewusst zu leben.

Im Qur'an erinnert uns Allah (SWT):

> "Und beeilt euch um Vergebung von eurem Herrn und (um) einen (Paradies)garten, dessen Breite (wie) die Himmel und die Erde ist. Er ist für die Gottesfürchtigen bereitet,"
>
> (Surah Aal-Imran, 3:133)

Dieser Vers spricht von der Dringlichkeit, im Hier und Jetzt zu handeln, um Allahs Vergebung und Wohlgefallen zu erlangen. Jeder Augenblick, den du bewusst lebst, ist eine Gelegenheit, deinem Schöpfer näherzukommen.

Achtsamkeit in der Gegenwart bedeutet, jeden Moment als Chance zu sehen, Allahs (SWT) Gedenken (Dhikr) zu praktizieren, Gutes zu tun und mit deinem Herzen präsent zu sein – sei es beim Gebet, beim Fastenbrechen oder im Gespräch mit anderen. Es geht darum, nicht nur körperlich anwesend, sondern auch geistig und spirituell verbunden zu sein.

Heute möchte ich dich einladen, die Bedeutung dieses Moments zu erkennen. Die Vergangenheit kannst du nicht ändern, und die Zukunft liegt in Allahs (SWT) Händen. Doch die Gegenwart gehört dir – nutze sie, um dein Herz zu reinigen, deinen Glauben zu stärken und in kleinen Schritten Fortschritte auf deinem Weg zu Allah (SWT) zu machen.

DEIN PERSÖNLICHES GEBET

„Oh Allah, hilf mir, bewusst im Jetzt zu leben. Lass mich Deine Segnungen in jedem Augenblick erkennen und Deine Gegenwart spüren. Gib mir die Kraft, das Beste aus der Zeit zu machen, die Du mir gegeben hast, und lenke mein Herz hin zu Dir. Amin."

RAUM FÜR DEINE GEDANKEN

Nimm dir einen Moment Zeit, um über die Gegenwart nachzudenken. Schreibe deine Gedanken zu folgenden Fragen auf:

Welche Gedanken oder Sorgen lenken mich oft vom Hier und Jetzt ab?

Welche Segnungen in meinem heutigen Leben übersehe ich vielleicht?

Wie kann ich bewusster im Ramadan leben und jeden Moment als Gelegenheit für Wachstum nutzen?

UMSETZUNG IM ALLTAG

Um im Moment zu leben, kannst du heute bewusst kleine, achtsame Schritte unternehmen:

Beobachte beim Fastenbrechen jedes Detail – den Geschmack, die Freude des Moments – und sage Alhamdulillah für diese Erfahrung. Wie hast du dich danach gefühlt?

Notiere dir am Ende des Tages drei kleine Momente, in denen du bewusst und präsent gelebt hast, und reflektiere darüber, wie sie dein Herz erfüllt haben.

GÖTTLICHE WEISHEIT FÜR DEN TAG

"Und gedenke deines Herrn in deiner Seele in Unterwürfigkeit flehend und in Furcht und mit leiser Stimme, am Morgen und am Abend. Und gehöre nicht zu den Unachtsamen!"

(Surah Al-A'raf, 7:205)

RAMADAN TAG 12:
Leben als wäre es dein letzter Tag

Stell dir vor, der heutige Tag wäre dein letzter Tag auf dieser Erde. Was würdest du anders machen? Wem würdest du Vergebung schenken? Wie würdest du dein Herz mit Allah (SWT) verbinden? Der Gedanke an die Endlichkeit des Lebens ist nicht dazu da, uns zu erschrecken, sondern uns daran zu erinnern, wie wertvoll jeder Moment ist.

Im Qur'an sagt Allah (SWT):

> "Und gebt aus von dem, womit Wir euch versorgt haben, bevor zu einem von euch der Tod kommt und er dann sagt: "Mein Herr, würdest Du mich doch auf eine kurze Frist zurückstellen! Dann würde ich Almosen geben und zu den Rechtschaffenen gehören."
>
> (Surah Al-Munafiqun, 63:10)

Dieser Vers zeigt uns, dass die Zeit, die wir haben, begrenzt ist. Doch genau diese Begrenzung gibt ihr Wert. Es ist leicht, sich im Alltag zu verlieren und das Wichtige aufzuschieben. Doch der Ramadan ist eine Gelegenheit, uns auf das Wesentliche zu konzentrieren – unsere Beziehung zu Allah (SWT), unsere Taten und unser Herz.

Das Leben ist eine Reise, und der heutige Tag ist ein einzigartiger Abschnitt auf diesem Weg. Nutze ihn, um deine Verbindung zu Allah (SWT) zu stärken, deine Beziehungen zu heilen und Gutes zu tun. Lebe so, als würdest du morgen vor deinem Herrn stehen – mit einem Herzen, das von Liebe und Aufrichtigkeit erfüllt ist.

DEIN PERSÖNLICHES GEBET

„Oh Allah, lass mich jeden Moment meines Lebens so leben, als wäre es mein letzter. Hilf mir, meine Zeit in deinem Gehorsam zu verbringen, meine Taten aufrichtig zu machen und meine Worte mit Liebe und Güte zu füllen. Lass mich dir mit einem reinen Herzen begegnen. Amin."

RAUM FÜR DEINE GEDANKEN

Nimm dir Zeit, um über den Wert der Gegenwart und die Endlichkeit des Lebens nachzudenken:

Wenn ich wüsste, dass heute mein letzter Tag ist, was würde ich anders machen?

Welche Taten möchte ich vor Allah (SWT) bringen, und welche Dinge bereue ich?

Wie kann ich jeden Tag bewusster leben und meine Zeit besser nutzen?

UMSETZUNG IM ALLTAG

Setze heute bewusste Schritte, um den Tag so zu leben, als wäre er dein letzter:

Nimm dir Zeit für ein aufrichtiges Du'a, in dem du Allah (SWT) für dein Leben dankst und um Vergebung bittest. Wie hast du dich danach gefühlt?

GÖTTLICHE WEISHEIT FÜR DEN TAG

"Jede Seele wird den Tod kosten. Und erst am Tag der Auferstehung wird euch euer Lohn in vollem Maß zukommen. Wer dann dem (Höllen)feuer entrückt und in den (Paradies)garten eingelassen wird, der hat fürwahr einen Erfolg erzielt. Und das diesseitige Leben ist nur trügerischer Genuß."

(Surah Aal-Imran, 3:185)

RAMADAN TAG 13:
Aufrichtigkeit & Hingabe

Heute lade ich dich ein, über Ihsan nachzudenken – die höchste Stufe des Glaubens und der Hingabe. Es ist die Kunst, nicht nur das Richtige zu tun, sondern es mit Exzellenz, Aufrichtigkeit und Liebe zu tun.

Ihsan ist der Zustand, in dem jede Handlung – sei es das Gebet, das Fasten, das Sprechen oder das Arbeiten – zu einer Form der Anbetung wird. Es bedeutet, dass du nicht nur die äußeren Pflichten erfüllst, sondern auch dein Herz und deine Absicht rein hältst.

Im Ramadan kannst du Ihsan auf viele Arten praktizieren. Es kann bedeuten, dass du dein Gebet mit mehr Achtsamkeit verrichtest, deine Worte mit mehr Güte wählst oder dein Fasten mit mehr Dankbarkeit erlebst. Ihsan lädt dich ein, in jedem Moment präsent zu sein und deine Beziehung zu Allah (SWT) zu vertiefen.

Heute möchte ich dich ermutigen, Allah (SWT) in deinem Herzen zu spüren und alles, was du tust, zu einem Ausdruck deiner Liebe und Dankbarkeit zu machen. Möge dieser Tag eine Erinnerung daran sein, dass selbst die kleinste Handlung von großem Wert ist, wenn sie mit Aufrichtigkeit und Hingabe ausgeführt wird.

DEIN PERSÖNLICHES GEBET

„Oh Allah, hilf mir, jede Handlung mit Aufrichtigkeit und Liebe zu Dir auszuführen. Lass mich Dich in jedem Moment spüren und jede Tat in Deinem Namen vollbringen. Führe mein Herz, damit ich immer daran denke, dass Du mich siehst und mein Bestes von mir verlangst. Amin."

RAUM FÜR DEINE GEDANKEN

Reflektiere über *Ihsan* in deinem Leben und beantworte folgende Fragen:

In welchen Bereichen meines Lebens kann ich mehr Ihsan praktizieren?

Welche Handlungen verrichte ich oft mechanisch, die ich bewusster und mit mehr Hingabe ausführen könnte?

Wie kann ich Allahs (SWT) Anwesenheit in meinem Alltag stärker wahrnehmen?

UMSETZUNG IM ALLTAG

Beginne, Ihsan in kleinen, bewussten Schritten in deinen Alltag zu integrieren:

Wähle ein Gebet, das du heute mit besonderer Achtsamkeit verrichten möchtest. Wie hast du dich dabei gefühlt?

Notiere am Ende des Tages eine Handlung, bei der du Allahs (SWT) Gegenwart besonders gespürt hast.

GÖTTLICHE WEISHEIT FÜR DEN TAG

"Und gebt auf Allahs Weg aus und stürzt euch nicht mit eigener Hand ins Verderben. Und tut Gutes. Allah liebt die Gutes Tuenden."

(Surah Al-Baqarah, 2:195)

RAMADAN TAG 14:
Selbstliebe

Selbstliebe ist ein Thema, das oft missverstanden wird. Manche glauben, dass es egoistisch sei, sich selbst zu lieben. Doch im Islam ist Selbstliebe eine Voraussetzung für Mitgefühl und Barmherzigkeit gegenüber anderen.

Wie kannst du für andere Liebe empfinden, wenn du dir selbst diese Liebe verweigerst? Es geht darum, dir selbst mit Gnade, Vergebung und Verständnis zu begegnen.

Im Ramadan hast du die Gelegenheit, nicht nur deine Verbindung zu Allah zu stärken, sondern auch die Beziehung zu dir selbst zu erneuern. Du bist ein Diener Allahs (SWT), und deine Seele verdient es, gepflegt und geachtet zu werden.

Selbstliebe bedeutet, für dein Wohl zu sorgen – spirituell, emotional und körperlich. Sie bedeutet, dich von Selbstkritik zu befreien und Allahs (SWT) Gnade für dich anzunehmen. Allah (SWT) erinnert uns im Qur'an:

> "damit ihr nicht betrübt seid über das, was euch entgangen ist, und euch nicht (zu sehr) freut über das, was Er euch gegeben hat. Und Allah liebt niemanden, der eingebildet und prahlerisch ist,"
>
> (Surah Al-Hadid, 57:23)

Heute bist du eingeladen, dich selbst als wertvoll und geliebt zu betrachten. Lerne, deine Fehler anzunehmen und Allah (SWT) um Vergebung zu bitten, während du dich bemühst, ein besserer Mensch zu werden.

DEIN PERSÖNLICHES GEBET

„Oh Allah, hilf mir, mich selbst mit der Liebe zu sehen, die Du mir entgegenbringst. Lass mich meine Fehler erkennen, ohne mich selbst zu verurteilen, und schenke mir die Stärke, in Deinem Gehorsam zu wachsen. Fülle mein Herz mit Deiner Gnade, sodass ich Liebe für mich und andere entwickeln kann. Amin."

RAUM FÜR DEINE GEDANKEN

Reflektiere über die Rolle der Selbstliebe in deinem Leben:

Wie betrachtest du dich selbst? Nimmst du deine Stärken und Schwächen gleichermaßen an?

Welche Schritte kannst du unternehmen, um dich selbst mehr zu achten und zu lieben?

Wie kannst du deine Selbstliebe als Grundlage nutzen, um anderen mit Mitgefühl zu begegnen?

UMSETZUNG IM ALLTAG

Selbstliebe wird durch bewusste, achtsame Handlungen gestärkt. Heute kannst du Folgendes tun:

Nimm dir fünf Minuten Zeit, um drei Dinge aufzuschreiben, die du an dir selbst schätzt. Lies sie laut und danke Allah (SWT) für diese Gaben.

Vermeide heute bewusst Selbstkritik. Wann immer du einen negativen Gedanken über dich selbst hast, erinnere dich daran, dass du von Allah (SWT) geschaffen wurdest und Seine Liebe verdienst. Wie hast du dich am Ende des Tages gefühlt?

GÖTTLICHE WEISHEIT FÜR DEN TAG

"Wir haben den Menschen ja in schönster Gestaltung erschaffen,"

(Surah At-Tin, 95:4)

RAMADAN TAG 15:
Selbstgespräche

Die Art und Weise, wie du mit dir selbst sprichst, hat eine immense Wirkung auf dein Herz, deine Taten und deine Verbindung zu Allah (SWT). Deine inneren Dialoge formen, wie du dich selbst siehst und wie du auf Herausforderungen reagierst. Negative Selbstgespräche können dich lähmen, während positive Worte dich motivieren und stärken können.

Allah (SWT) sagt im Qur'an:

"O die ihr glaubt, fürchtet Allah und sagt treffende Worte,"

(Surah Al-Ahzab, 33:70)

Selbstgespräche sind nicht nur Gedanken – sie sind eine Form innerer Kommunikation, die deine Einstellung und deine Beziehung zu dir selbst prägen. Oftmals erlauben wir uns, mit uns selbst härter zu sein, als wir es mit anderen je wären. Aber Allah (SWT) hat dich mit Würde und Wert erschaffen. Deine Worte sollten dies widerspiegeln.

Der Ramadan bietet dir eine besondere Gelegenheit, achtsam mit deinen Selbstgesprächen umzugehen. Nutze diese Zeit, um dein inneres Gespräch so zu gestalten, dass es von Hoffnung, Gnade und Dankbarkeit erfüllt ist. Wenn du dich in Kritik oder Selbstzweifeln verlierst, erinnere dich daran, wie Allah (SWT) dich sieht: als Sein geliebtes Geschöpf, das immer wieder zu Ihm zurückkehrt.

Heute lade ich dich ein, deine innere Stimme zu einem Verbündeten zu machen, der dich auf dem Weg zu Allah (SWT) stärkt und ermutigt. Sprich mit dir selbst, wie du mit einem Freund sprechen würdest – mit Güte, Verständnis und Liebe.

DEIN PERSÖNLICHES GEBET

„Oh Allah, hilf mir, meine innere Stimme mit Hoffnung und Barmherzigkeit zu füllen. Lass mich mit mir selbst so sprechen, wie Du mich sehen möchtest – mit Liebe und Wertschätzung. Führe mein Herz zu Gedanken, die mich näher zu Dir bringen. Amin."

RAUM FÜR DEINE GEDANKEN

Reflektiere über deine Selbstgespräche und beantworte folgende Fragen:

Wie spreche ich in schwierigen Momenten mit mir selbst? Bin ich ermutigend oder kritisch?

Welche Worte wünsche ich mir, dass ich häufiger zu mir selbst sage?

Wie kann ich meine innere Stimme nutzen, um mich Allah (SWT) näherzubringen?

UMSETZUNG IM ALLTAG

Um deine Selbstgespräche zu verbessern, kannst du heute bewusst folgende Schritte gehen:

Schreibe drei positive Sätze auf, die du dir selbst in schwierigen Momenten sagen möchtest, z. B.: „Ich bin stark mit Allahs (SWT) Hilfe", „Allah (SWT) vergibt mir, also vergebe ich mir selbst", oder „Ich bin dankbar für meine Bemühungen."

Nimm dir fünf Minuten Zeit, um bewusst Alhamdulillah für deine Stärken zu sagen und Allah (SWT) um Führung bei deinen Schwächen zu bitten.

GÖTTLICHE WEISHEIT FÜR DEN TAG

"Er hat vor sich und hinter sich Begleiter, die ihn auf Allahs Befehl beschützen. Allah ändert nicht den Zustand eines Volkes, bis sie das ändern, was in ihnen selbst ist. Und wenn Allah einem Volk Böses will, so kann es nicht zurückgewiesen werden. Und sie haben außer Ihm keinen Schutzherrn."

(Surah Ar-Ra'd, 13:11)

RAMADAN TAG 16:
Fokus

In einer Welt voller Ablenkungen ist es oft schwer, den Fokus zu behalten. Unsere Gedanken schweifen ab – hin zu Sorgen über die Zukunft, Bedauern über die Vergangenheit oder den unendlichen To-Do-Listen des Alltags. Doch der Ramadan ist eine Einladung, innezuhalten und den Blick neu auszurichten: auf das Wesentliche, auf Allah (SWT).

Fokussierung bedeutet, Prioritäten zu setzen und deine Energie auf das zu lenken, was dich Allah (SWT) näherbringt.

Heute bist du eingeladen, den Lärm der Welt auszublenden und dich auf das Wesentliche zu konzentrieren. Nutze die Stille des Ramadan, um deine Gedanken und Taten bewusst auf Allah (SWT) auszurichten. Fokussiere dich auf die Dinge, die deinem Herzen Frieden bringen und dich auf deinem spirituellen Weg stärken.

DEIN PERSÖNLICHES GEBET

„Oh Allah, hilf mir, meinen Fokus auf das Wesentliche zu richten. Lass mich erkennen, was mich Dir näherbringt, und gib mir die Kraft, mich von Ablenkungen zu lösen. Stärke meine Absicht, Dich in allem, was ich tue, zu suchen. Amin."

RAUM FÜR DEINE GEDANKEN

Reflektiere über die Rolle der Fokussierung in deinem Leben:

Was sind die größten Ablenkungen in meinem Alltag, die mich von Allah (SWT) entfernen?

Welche Taten oder Gewohnheiten kann ich in meinem Leben priorisieren, um Allah (SWT) näherzukommen?

Wie fühle ich mich, wenn ich mich bewusst auf eine Aufgabe oder ein Ziel konzentriere?

UMSETZUNG IM ALLTAG

Fokussierung erfordert bewusste Anstrengung und Achtsamkeit. Hier sind drei einfache Schritte für heute:

Wähle eine bestimmte Zeit (z. B. während des Gebets oder beim Fastenbrechen), in der du dich ausschließlich auf Allah (SWT) konzentrierst. Lass dabei keine Gedanken an den Alltag zu. Wie hast du dich danach gefühlt?

Schreibe eine Liste mit den drei wichtigsten Prioritäten für deinen Tag – spirituell, emotional und praktisch – und arbeite konzentriert an diesen Punkten.

GÖTTLICHE WEISHEIT FÜR DEN TAG

“Und sucht Hilfe in der Standhaftigkeit und im Gebet! Es ist freilich schwer, nur nicht für die Demütigen,”

(Surah Al-Baqarah, 2:45)

RAMADAN TAG 17:
Bilanz ziehen

Ein Lebensbilanz zu ziehen bedeutet, ehrlich zu sich selbst zu sein. Es geht darum, dankbar für deine Erfolge zu sein, deine Fehler anzuerkennen und bewusst Schritte zu unternehmen, um dich zu verbessern. Der Ramadan bietet dir den idealen Rahmen, um diese Reflexion durchzuführen, da dein Herz weicher ist, deine Seele sich in einem Zustand der Reinigung befindet und dein Fokus auf Allah (SWT) gerichtet ist.

Allah sagt im Qur'an:

> "O die ihr glaubt, fürchtet Allah. Und eine jede Seele schaue, was sie für morgen vorausschickt. Und fürchtet Allah; gewiß, Allah ist Kundig dessen, was ihr tut."
>
> (Surah Al-Hashr, 59:18)

Heute ist ein Tag, um über dein Leben nachzudenken: Was hast du für Allah (SWT) getan? Welche Beziehungen musst du reparieren? Welche Chancen hast du verpasst, um Gutes zu tun? Lass diesen Tag eine Gelegenheit sein, um Klarheit zu gewinnen und bewusste Entscheidungen für eine bessere Zukunft zu treffen.

DEIN PERSÖNLICHES GEBET

„Oh Allah, hilf mir, mein Leben ehrlich und aufrichtig zu prüfen. Lass mich erkennen, was mich Dir näherbringt, und gib mir die Stärke, das zu ändern, was mich von Dir entfernt. Vergib mir meine Fehler, und leite mein Herz, um das Beste für mein Diesseits und Jenseits zu tun. Amin."

RAUM FÜR DEINE GEDANKEN

Nutze diesen Abschnitt, um über dein Leben nachzudenken und folgende Fragen zu beantworten:

Welche Aspekte meines Lebens machen mich stolz, und wofür bin ich dankbar?

Welche Gewohnheiten oder Taten möchte ich ändern, um Allah (SWT) näherzukommen?

Welche Ziele möchte ich in den nächsten Monaten erreichen, und wie kann ich den Ramadan nutzen, um diese Ziele zu starten?

UMSETZUNG IM ALLTAG

Ein Lebensaudit erfordert bewusste Schritte. Beginne heute mit diesen einfachen Übungen:

Schreibe eine Liste von drei Dingen, die du für Allah (SWT) tun möchtest – sei es mehr Qur'an zu lesen, regelmäßig zu spenden oder Geduld zu üben.

Plane eine konkrete Tat für den heutigen Tag, die eine positive Veränderung in deinem Leben einleitet – etwa jemanden zu vergeben oder Sadaqa zu geben.

GÖTTLICHE WEISHEIT FÜR DEN TAG

"Gewiß, denjenigen, die glauben und rechtschaffene Werke tun, wird der Allerbarmer Liebe bereiten."

(Surah Maryam, 19:96)

RAMADAN TAG 18:
Akzeptanz

Akzeptanz ist ein kraftvoller Akt der Unterwerfung und des Vertrauens in Allahs Willen. Es bedeutet nicht, sich passiv mit Herausforderungen abzufinden, sondern mit dem Herzen zu verstehen, dass alles, was geschieht, Teil von Allahs vollkommener Weisheit ist.

Allah (SWT) sagt im Qur'an:

> "Vorgeschrieben ist euch zu kämpfen, obwohl es euch zuwider ist. Aber vielleicht ist euch etwas zuwider, während es gut für euch ist, und vielleicht ist euch etwas lieb, während es schlecht für euch ist. Allah weiß, ihr aber wisst nicht."
>
> (Surah Al-Baqarah, 2:216)

In unserer Reise durch das Leben stoßen wir auf Umstände, die wir nicht kontrollieren können – Verluste, unerwartete Veränderungen oder schwierige Prüfungen. Akzeptanz bedeutet, diese Situationen anzunehmen, ohne in Resignation oder Verzweiflung zu fallen. Sie erlaubt uns, loszulassen, was außerhalb unserer Macht liegt, und uns darauf zu konzentrieren, wie wir mit Allahs (SWT) Hilfe wachsen können.

Der Ramadan ist eine Zeit, in der Akzeptanz geübt werden kann. Du akzeptierst den Hunger und Durst des Tages, um die Segnungen des Iftar zu spüren. Du akzeptierst die Disziplin des Gebets, um die Nähe zu Allah (SWT) zu erfahren. Lass diesen Tag eine Erinnerung sein, dass wahre Akzeptanz eine Tür zur inneren Ruhe und zum Vertrauen in Allah (SWT) öffnet.

DEIN PERSÖNLICHES GEBET

„Oh Allah, hilf mir, Deinen Willen mit einem zufriedenen Herzen anzunehmen. Stärke meinen Glauben daran, dass Du alles in bester Weisheit lenkst, auch wenn ich es nicht verstehe. Fülle mein Herz mit Geduld und Dankbarkeit für Deine Entscheidungen. Amin."

RAUM FÜR DEINE GEDANKEN

Reflektiere heute über Akzeptanz in deinem Leben:

Welche Situationen in meinem Leben fallen mir schwer, sie zu akzeptieren?

Wie hat Akzeptanz mir in der Vergangenheit geholfen, inneren Frieden zu finden?

Welche Schritte kann ich unternehmen, um mich mehr auf Allahs (SWT) Weisheit zu verlassen?

UMSETZUNG IM ALLTAG

Übe Akzeptanz heute bewusst:

Wähle eine Situation aus, die dich belastet, und sprich bewusst „Alhamdulillah" darüber, als Akt der Dankbarkeit und Akzeptanz. Wie hast du dich danach gefühlt?

Schreibe eine Liste von drei Dingen, die du nicht ändern kannst, und übergib sie in einem aufrichtigen Du'a Allahs (SWT) Kontrolle.

GÖTTLICHE WEISHEIT FÜR DEN TAG

"gewiß, mit der Erschwernis ist Erleichterung."

(Surah Ash-Sharh, 94:6)

RAMADAN TAG 19:
In Schwierigkeiten

Schwierigkeiten gehören zu unserem Leben. Sie erscheinen oft wie unerwartete Wellen, die uns aus unserer Komfortzone reißen und uns auf die Probe stellen. Doch gerade in solchen Momenten sind wir eingeladen, uns an Allah (SWT) zu wenden, der uns nie alleine lässt.

Allah (SWT) sagt im Qur'an:

> "Oder meint ihr etwa, daß ihr in den (Paradies)garten eingehen werdet, noch bevor Gleiches über euch gekommen ist, wie über diejenigen, die vor euch dahingegangen sind? Not und Leid widerfuhr ihnen, und sie wurden erschüttert, bis daß der Gesandte und diejenigen, die mit ihm glaubten, sagten: "Wann kommt Allahs Sieg?" Aber wahrlich, Allahs Sieg ist nahe."
>
> (Surah Al-Baqarah, 2:214)

Dieser Vers erinnert uns daran, dass Schwierigkeiten nicht ohne Grund geschehen. Sie sind Tests, die uns reinigen, uns stärker machen und uns Allah (SWT) näherbringen. Der Ramadan selbst ist ein Beweis dafür, wie wir in vermeintlichen Erschwernissen (wie Hunger und Durst) spirituelle Stärke finden können.

Heute bist du eingeladen, deine Schwierigkeiten in einem neuen Licht zu betrachten. Sieh sie als eine Möglichkeit, Geduld zu üben, deine Beziehung zu Allah (SWT) zu stärken und dir bewusst zu machen, dass Er immer bei dir ist.

DEIN PERSÖNLICHES GEBET

„Oh Allah, hilf mir, in meinen Prüfungen standhaft zu bleiben. Lass mich Deine Weisheit in den Schwierigkeiten erkennen und mein Herz mit Geduld und Hoffnung füllen. Stärke mein Vertrauen, dass Deine Hilfe immer nah ist. Amin."

RAUM FÜR DEINE GEDANKEN

Reflektiere heute über deine Reaktion auf schwierige Situationen:

Welche Herausforderungen habe ich in meinem Leben erlebt, die mich stärker gemacht haben?

Wie kann ich lernen, meine Schwierigkeiten als Möglichkeiten für Wachstum zu sehen?

Welche Schritte kann ich unternehmen, um mich in schwierigen Zeiten mehr auf Allah (SWT) zu verlassen?

UMSETZUNG IM ALLTAG

Hier sind einige praktische Schritte, um mit Schwierigkeiten achtsam umzugehen:

Schreibe drei Dinge auf, die du aus einer vergangenen Schwierigkeit gelernt hast. Reflektiere, wie sie dein Leben positiv beeinflusst haben.

Führe eine ruhige, bewusste Meditation oder ein Gebet durch und übergib deine Sorgen vollständig Allah (SWT), mit dem Vertrauen, dass Er alles zum Guten wendet. Wie hast du dich danach gefühlt?

GÖTTLICHE WEISHEIT FÜR DEN TAG

"und gewährt ihm Versorgung, von wo (aus) er damit nicht rechnet. Und wer sich auf Allah verläßt, dem ist Er seine Genüge. Allah wird gewiß (die Durchführung) seine(r) Angelegenheit erreichen. Allah legt ja für alles ein Maß fest.."

(Surah At-Talaq, 65:3)

RAMADAN TAG 20:
Gemeinschaftsgeist

Der Ramadan ist nicht nur eine Zeit der Selbstreflexion und spirituellen Reinigung, sondern auch ein Monat, in dem die Gemeinschaft enger zusammenrückt. Gemeinsam Allah (SWT) zu dienen, bringt Segen und verstärkt den Glauben. Ob es ein gemeinsames Iftar ist, das Tarawih-Gebet in der Moschee oder das gegenseitige Unterstützen – die Verbindung zur Ummah (Gemeinschaft) lehrt uns, dass wir nicht allein auf diesem Weg sind.

Dieser Ramadan lädt dich ein, dich auf den Gemeinschaftsgeist zu besinnen. Indem wir einander helfen, stärken wir nicht nur unsere Beziehung zueinander, sondern auch unsere Verbindung zu Allah (SWT).

DEIN PERSÖNLICHES GEBET

„O Allah, segne meine Familie, meine Freunde und die gesamte Gemeinschaft. Lass uns gemeinsam in Deiner Liebe und Zufriedenheit wachsen. Gib uns die Kraft, einander zu unterstützen und gemeinsam in guten Taten zu wetteifern.
Amin.“

RAUM FÜR DEINE GEDANKEN

Welche Bedeutung hat die Gemeinschaft für mich in meiner Beziehung zu Allah (SWT)?

Wann habe ich zuletzt etwas für die Gemeinschaft getan?

Wie kann ich dazu beitragen, den Gemeinschaftsgeist in diesem Ramadan zu stärken?

UMSETZUNG IM ALLTAG

Plane ein einfaches Iftar, bei dem du Freunde, Nachbarn oder Menschen in deiner Moschee einlädst. Wie hat sich die Gemeinschaft angefühlt?

Besuche das Tarawih-Gebet (wenn möglich) oder lade jemanden (Freunde oder eigene Familie) ein, gemeinsam mit dir zu beten. Wie hat sich das gemeinsame Beten angefühlt?

GÖTTLICHE WEISHEIT FÜR DEN TAG

„Die Gläubigen sind doch Brüder. So stiftet Frieden zwischen euren beiden Brüdern und fürchtet Allah, auf daß ihr Erbarmen finden möget."

(Surah Al-Hujurat, 49:10)

TEIL 3:

AUSBLICK AUF DIE AKHIRAH – VORBEREITUNG AUF EIN JENSEITS ORIENTIERTES LEBEN.

RAMADAN TAG 21:
Das Licht der Sunnah

Die Sunnah des Propheten Muhammad (s.a.w.) ist wie ein strahlendes Licht, das uns durch die Dunkelheit unserer Herausforderungen führt. In jedem seiner Worte, Taten und stillen Akzeptanzen liegt eine unendliche Weisheit, die unser Leben transformieren kann. Die Sunnah ist keine bloße Tradition, sondern ein lebendiges Beispiel dafür, wie wir im Einklang mit Allahs (SWT) Willen leben können. Sie zeigt uns, dass Spiritualität und Alltag kein Widerspruch sind, sondern Hand in Hand gehen.

Stell dir vor, du trägst eine Laterne in einer mondlosen Nacht. So wie dieses Licht dir den Weg zeigt, bietet die Sunnah uns eine klare Anleitung – sei es in der Art, wie wir beten, essen, sprechen oder mit unseren Mitmenschen umgehen. Der Prophet Muhammad (s.a.w.) lebte mit Bescheidenheit, Mitgefühl und unerschütterlichem Vertrauen in Allah (SWT).

Wenn wir die Sunnah in unser Leben integrieren, fühlen wir uns Allah (SWT) näher, weil wir erkennen, dass jede Handlung eine Form der Anbetung sein kann. Lass uns heute darüber nachdenken, wie wir dieses Licht der Sunnah in unseren Alltag bringen können. Möge es uns helfen, die Nähe zu Allah (SWT) zu spüren und uns auf unserem Weg zur Akhirah zu leiten.

DEIN PERSÖNLICHES GEBET

„Oh Allah, mache mein Herz empfänglich für die Weisheit und das Licht der Sunnah. Hilf mir, den Weg des Propheten (s.a.w.) zu verstehen, zu lieben und ihm zu folgen. Lass mein Leben ein Spiegelbild seiner edlen Eigenschaften sein, und führe mich durch seine Sunnah näher zu Dir. Amin."

RAUM FÜR DEINE GEDANKEN

Welche Aspekte der Sunnah praktiziere ich bereits in meinem Leben?

Wo sehe ich Möglichkeiten, mich zu verbessern?

UMSETZUNG IM ALLTAG

Wähle heute eine Sunnah des Propheten Muhammad (s.a.w.) aus, die du in dein Leben integrieren möchtest. Schreibe am Ende des Tages auf, wie sich diese Handlung auf dein Herz und deinen Alltag ausgewirkt hat.

GÖTTLICHE WEISHEIT FÜR DEN TAG

„Ihr habt ja im Gesandten Allahs ein schönes Vorbild, (und zwar) für einen jeden, der auf Allah und den Jüngsten Tag hofft und Allahs viel gedenkt."

(Surah Al-Ahzab, 33:21)

RAMADAN TAG 22:
Dunya ist ein Mittel zum Zweck

Die Dunya, diese Welt, die uns umgibt, ist faszinierend, komplex und voller Herausforderungen. Sie bietet uns Gelegenheiten, Freude zu erleben, Beziehungen zu knüpfen und Wissen zu erlangen. Doch die Dunya ist nicht unser endgültiges Ziel – sie ist ein Mittel, um etwas Größeres zu erreichen: die Akhirah, das ewige Leben im Jenseits. Allah (SWT) erinnert uns daran, dass diese Welt vergänglich ist, eine vorübergehende Prüfung, durch die wir unsere Taten und Absichten ausrichten können.

Manchmal vergessen wir, dass das Streben nach Reichtum, Anerkennung oder Komfort in dieser Welt nicht der wahre Zweck unseres Daseins ist. Die Dunya ist wie ein Reisefeld – wir säen unsere Samen hier, um die Früchte im Jenseits zu ernten. Deine Arbeit, dein Gebet, deine Geduld und deine Dankbarkeit sind Investitionen in deine ewige Zukunft. Nutze die Dunya, aber lasse sie nicht dein Herz dominieren. Sei in der Welt, aber nicht von ihr.

Der Ramadan ist eine großartige Zeit, um uns von den Ablenkungen der Dunya zu lösen und uns auf unsere spirituelle Reise zu konzentrieren. Er bietet die Möglichkeit, unsere Prioritäten zu überdenken und uns darauf auszurichten, was wirklich zählt: unser Verhältnis zu Allah (SWT) und unser Streben nach dem Paradies.

DEIN PERSÖNLICHES GEBET

„Oh Allah, hilf mir, die Dunya zu nutzen, um Dir näherzukommen, und bewahre mein Herz davor, an ihr zu hängen. Mache meine Taten aufrichtig für Dein Wohlgefallen und leite mich auf den Weg, der zu Deinem Paradies führt. Amin."

RAUM FÜR DEINE GEDANKEN

Wie oft finde ich mich dabei, mehr Energie auf weltliche Dinge zu verwenden als auf meine Verbindung zu Allah (SWT)?

Was sind die Dinge in der Dunya, die mir helfen, Allah (SWT) näherzukommen?

Welche Aspekte meines Lebens in der Dunya könnte ich loslassen, um meinen Fokus auf die Akhirah zu stärken?

UMSETZUNG IM ALLTAG

Wähle heute eine Aktivität in deinem Alltag, die dir helfen könnte, die Dunya sinnvoll zu nutzen, um deine Akhirah zu stärken. Das könnte ein Akt der Nächstenliebe sein, Zeit für zusätzliche Gebete oder das Lernen einer Sure aus dem Qur'an. Denke daran, deine Absicht vor Allah (SWT) zu erneuern und diese Handlung aufrichtig für Ihn auszuführen.

GÖTTLICHE WEISHEIT FÜR DEN TAG

"Das diesseitige Leben ist nur Spiel und Zerstreuung. Die jenseitige Wohnstätte ist für diejenigen, die gottesfürchtig sind, wahrlich besser. Begreift ihr denn nicht?"

(Surah Al-An'am, 6:32)

RAMADAN TAG 23:
Vertrauen in Gott

Vertrauen in Allah, auch bekannt als Tawakkul, ist eine der tiefgründigsten spirituellen Praktiken im Islam. Es bedeutet, darauf zu vertrauen, dass Allah (SWT) der beste Planer ist und dass alles, was in deinem Leben geschieht, Teil Seines weisen Plans ist. Tawakkul erfordert nicht, dass wir passiv sind – vielmehr verlangt es, dass wir unser Bestes geben, alle notwendigen Mittel ergreifen und anschließend unsere Angelegenheiten Allah (SWT) anvertrauen.

Im Ramadan hast du die perfekte Gelegenheit, Tawakkul zu praktizieren. Es mag Herausforderungen geben – sei es beim Fasten, bei persönlichen Zielen oder im Umgang mit schwierigen Situationen. Doch in all dem ist Allah (SWT) bei dir. Er sieht deine Bemühungen und weiß um deine Sorgen. Wenn du dich auf Ihn verlässt, wirst du eine innere Ruhe finden, die die Dunya nicht bieten kann.

Tawakkul lehrt uns auch, dass das Ergebnis letztlich in Allahs (SWT) Händen liegt. Unser Fokus sollte darauf liegen, aufrichtig und gewissenhaft zu handeln. Und selbst wenn das Leben uns vor scheinbar unüberwindbare Herausforderungen stellt, können wir mit Vertrauen und Geduld weitermachen, denn wir wissen, dass Allah (SWT) nie Seine Diener im Stich lässt.

DEIN PERSÖNLICHES GEBET

„Oh Allah, ich vertraue Dir all meine Angelegenheiten an. Stärke mein Herz, mich Deiner Entscheidungen zu fügen, und schenke mir Geduld und Zufriedenheit, unabhängig vom Ausgang. Führe mich auf den Weg, der zu Deinem Wohlgefallen führt. Amin.“

RAUM FÜR DEINE GEDANKEN

In welchen Bereichen meines Lebens fällt es mir schwer, Tawakkul zu üben?

Welche konkreten Schritte kann ich heute unternehmen, um mein Vertrauen in Allah (SWT) zu stärken?

Welche Situationen in meiner Vergangenheit haben mir gezeigt, dass Allahs (SWT) Plan besser ist als mein eigener?

UMSETZUNG IM ALLTAG

Denke heute an eine Herausforderung oder Entscheidung, die dich beschäftigt. Schreibe auf, welche Maßnahmen du ergreifen kannst, um die Situation aktiv zu bewältigen. Danach sprich eine Bittgebet zu Allah (SWT) und überlasse das Ergebnis Seiner Weisheit. Wiederhole dabei immer wieder: „Allah (SWT) ist der beste Planer."

GÖTTLICHE WEISHEIT FÜR DEN TAG

Wenn Allah euch zum Sieg verhilft, so kann euch keiner besiegen. Doch wenn Er euch im Stich läßt, wer ist es denn, der euch dann, nach Ihm, noch helfen könnte? Und auf Allah sollen sich die Gläubigen verlassen.

(Surah Aal-Imran, 3:160)

RAMADAN TAG 24:
Hoffnung

Hoffnung ist das Licht, das in der Dunkelheit leuchtet. Sie ist die Brücke zwischen unseren gegenwärtigen Herausforderungen und der Hoffnung auf Allahs (SWT) unendliche Barmherzigkeit.

Im Ramadan, einer Zeit der Selbstreflexion und Erneuerung, ist es wichtig, unsere Herzen mit dieser Hoffnung zu füllen. Hoffnung auf Vergebung, auf eine bessere Zukunft und darauf, dass Allah (SWT) all unsere Bemühungen sieht und belohnt. Manchmal mögen die Sorgen der Dunya überwältigend erscheinen, aber der Glaube an Allah (SWT) und die Hoffnung auf Seine Nähe geben uns die Kraft, weiterzumachen. Denke daran: Solange dein Herz schlägt und du den Willen hast, dich Allah (SWT) zuzuwenden, ist es nie zu spät, Hoffnung zu finden und sie in deinem Leben zu verankern.

Hoffnung bedeutet nicht, dass alles sofort besser wird. Es bedeutet, dass du fest daran glaubst, dass Allah (SWT) einen Plan für dich hat, auch wenn du ihn noch nicht sehen kannst. Im Ramadan können wir diese Hoffnung nähren, indem wir uns bewusst auf die Barmherzigkeit und die Zeichen Allahs (SWT) konzentrieren, die uns täglich umgeben. Der Morgengebet, die sanfte Stille vor dem Fastenbrechen – all das sind Momente, die uns an die Nähe Allahs (SWT) erinnern. Halte an dieser Hoffnung fest, denn sie ist ein Geschenk deines Glaubens.

DEIN PERSÖNLICHES GEBET

„O Allah, ich suche Deine Nähe und hoffe auf Deine Barmherzigkeit. Stärke mein Herz, gib mir Geduld in Prüfungen und erfülle mich mit Hoffnung, die mich Dir näherbringt. O Allah, lasse mich niemals an Deiner Vergebung und Gnade zweifeln. Amin."

RAUM FÜR DEINE GEDANKEN

Woran halte ich fest, wenn ich schwierige Zeiten erlebe?

Welche Situationen in meinem Leben haben mir gezeigt, dass Allah (SWT) mir immer beisteht?

Wie kann ich Hoffnung in den Alltag integrieren, selbst wenn ich mich schwach fühle?

Schreibe drei Dinge auf, für die du trotz Herausforderungen dankbar bist.

UMSETZUNG IM ALLTAG

Heute nimm dir bewusst Zeit, um Hoffnung in deinem Herzen zu stärken:

Verschenke einem Menschen ein Lächeln oder eine kleine Geste der Hoffnung, sei es ein aufmunterndes Gespräch oder ein Du'a für sie. Wie hast du dich danach gefühlt?

Plane bewusst zehn Minuten nach einem Gebet, um über eine Herausforderung in deinem Leben nachzudenken und sie Allah (SWT) anzuvertrauen.

GÖTTLICHE WEISHEIT FÜR DEN TAG

Sie sagten: "Bist du denn wirklich Yusuf?" Er sagte: "Ich bin Yusuf, und das ist mein Bruder. Allah hat uns eine Wohltat erwiesen. Gewiß, wer gottesfürchtig und standhaft ist -- gewiß, Allah läßt den Lohn der Gutes Tuenden nicht verlorengehen."

(Surah Yusuf, 12:90)

RAMADAN TAG 25:
Bittgebet

Bittgebet (Du'a) ist eine der intimsten Formen der Anbetung, ein Gespräch zwischen dem Diener und seinem Schöpfer. Es ist ein Ausdruck der Hingabe und des Vertrauens. Du'a ermöglicht es dir, Allah (SWT) deine tiefsten Wünsche, Sorgen und Hoffnungen mitzuteilen. Es ist ein Moment, in dem die Distanz zwischen Himmel und Erde zu verschwinden scheint und du dich in völliger Hingabe wiederfindest.

Im Ramadan, wenn die Tore der Barmherzigkeit weit geöffnet sind, hat dein Du'a eine besondere Kraft. In der letzten Drittel der Nacht, während des Fastenbrechens oder in den ruhigen Stunden der Einsamkeit – diese Momente sind Gelegenheiten, Allahs (SWT) Nähe zu spüren. Du'a ist nicht nur eine Bitte um Erfüllung, sondern auch ein Akt der Anerkennung: Alles Gute, das wir haben, kommt von Allah (SWT), und alles Schwierige kann durch Seine Hilfe bewältigt werden.

Erinnere dich: Selbst wenn eine Antwort auf dein Du'a auf sich warten lässt, wird es niemals unbeachtet bleiben. Vielleicht wird es in Form von etwas Besserem erfüllt, vielleicht wird ein Unheil von dir abgewendet, oder vielleicht wartet die Belohnung im Jenseits. Allah (SWT) hört dich – immer.

DEIN PERSÖNLICHES GEBET

„Oh Allah, Du bist der Allvergebende, der Großzügige. Ich bitte Dich um Deine Gnade und Vergebung. Leite mein Herz, reinige meine Seele und lass mich in jeder Herausforderung Deine Weisheit erkennen. Lasse mein Du'a ein Mittel sein, mich Dir näherzubringen, und erfülle es auf die beste Weise, die Du kennst. Amin."

RAUM FÜR DEINE GEDANKEN

Was bedeutet Du'a für dich persönlich?

Gibt es einen besonderen Moment, in dem du Allah in deinem Leben gespürt hast, während du gebetet hast?

Welche Dinge möchtest du heute in deinem Du'a besonders hervorheben?

UMSETZUNG IM ALLTAG

Sprich dein Du'a mit Klarheit und Bewusstsein. Denke daran, dass Allah (SWT) alles hört, auch das, was unausgesprochen bleibt. Notiere deine Bittgebete, um deine Anliegen klar zu strukturieren und eine Routine des Gebets zu entwickeln.

Danke Allah (SWT) für das, was du bereits erhalten hast, bevor du um etwas Neues bittest. Wie hast du dich dabei gefühlt?

GÖTTLICHE WEISHEIT FÜR DEN TAG

Und wenn dich Meine Diener nach Mir fragen, so bin Ich nahe; Ich erhöre den Ruf des Bittenden, wenn er Mich anruft. So sollen sie nun auf Mich hören und an Mich glauben, auf daß sie besonnen handeln mögen.

(Surah Al-Baqarah, 2:186)

RAMADAN TAG 26:
Sabr

Geduld, oder Sabr, ist eine der edelsten Eigenschaften, die ein Gläubiger entwickeln kann. Sie ist nicht nur ein Zeichen von Stärke, sondern auch ein Ausdruck tiefen Vertrauens in Allah (SWT). Geduld bedeutet nicht, passiv zu sein oder Ungerechtigkeit zu tolerieren, sondern den Herausforderungen des Lebens mit Standhaftigkeit und innerem Frieden zu begegnen, während du auf Allahs (SWT) Weisheit und Belohnung vertraust.

Im Ramadan wird Geduld in jeder Hinsicht auf die Probe gestellt: durch den Verzicht auf Nahrung und Wasser, durch die Herausforderung, die eigene Zunge zu kontrollieren, und durch die innere Disziplin, die Zeit sinnvoll zu nutzen. Doch gerade diese Momente der Prüfung sind eine Gelegenheit, die Stärke der Geduld in deinem Herzen zu verankern.

Erinnere dich daran, dass Geduld nicht bedeutet, Schmerz oder Schwierigkeiten zu ignorieren. Sie bedeutet, deinen Kummer und deine Sorgen Allah (SWT) anzuvertrauen, während du dich bemühst, das Beste aus jeder Situation zu machen. Jeder Akt der Geduld ist ein Schritt näher zu Allah (SWT) und ein Zeugnis deiner Hingabe. Wenn du Sabr in deinem Leben aufbaust, wirst du feststellen, dass Allah (SWT) dir immer die Kraft gibt, die du brauchst, um weiterzumachen.

DEIN PERSÖNLICHES GEBET

„Oh Allah, gib mir die Geduld, Deine Entscheidungen mit einem friedvollen Herzen zu akzeptieren, die Kraft, Herausforderungen mit Standhaftigkeit zu meistern, und die Weisheit, in meinen Prüfungen Deine Barmherzigkeit zu erkennen. Lass mich in Geduld wachsen und mich Dir in jeder Situation nähern. Amin."

RAUM FÜR DEINE GEDANKEN

In welchen Momenten des Lebens fiel es dir besonders schwer, geduldig zu bleiben?

Wie hast du es geschafft, Geduld zu bewahren, und was hast du daraus gelernt?

Welche Schritte kannst du unternehmen, um Geduld in deinem Alltag zu stärken?

UMSETZUNG IM ALLTAG

Schreibe heute drei Dinge auf, für die du trotz Herausforderungen dankbar bist. Dankbarkeit stärkt Geduld, indem sie deinen Fokus auf das Positive lenkt.

Denke am Ende des Tages über eine Situation nach, in der du Geduld geübt hast, und erkenne die positiven Auswirkungen auf dein Herz und deinen Geist.

GÖTTLICHE WEISHEIT FÜR DEN TAG

O die ihr glaubt, sucht Hilfe in der Standhaftigkeit und im Gebet! Allah ist mit den Standhaften.

(Surah Al-Baqarah, 2:153)

RAMADAN TAG 27:
Sadaqah

Stell dir vor, dass jede Gabe, die du gibst, wie ein Samen ist, der im Jenseits zu einem prächtigen Baum heranwächst. Sadaqah, das Geben im Namen Allahs (SWT), ist nicht nur ein Akt der Großzügigkeit, sondern eine Investition in deine Akhirah. Es ist eine Handlung, die das Herz reinigt, Segen in dein Leben bringt und eine Brücke zwischen dir und den Bedürftigen schlägt.

Wenn du gibst, öffnest du dein Herz und empfängst die Gnade Allahs (SWT). Besonders im Ramadan, der Zeit der Vergebung und Gnade, ist Sadaqah eine mächtige Möglichkeit, Allahs (SWT) Wohlgefallen zu erlangen und dein Buch der Taten mit Licht zu füllen.

DEIN PERSÖNLICHES GEBET

„O Allah, mache mich zu einem derjenigen, die gerne geben, ohne zu zögern, und lasse meine Gaben Segen in das Leben der Bedürftigen bringen. Reinige mein Herz von Geiz und lass mich im Geben Deine Nähe spüren.

RAUM FÜR DEINE GEDANKEN

Welche Gefühle hast du, wenn du Sadaqah gibst?
Spürst du Freude, Dankbarkeit oder Zögern?

Welche Rolle spielt Großzügigkeit in deinem Leben? Wie kannst du sie vertiefen?

Denk an eine Gelegenheit, bei der jemand deine Hilfe brauchte. Wie hast du reagiert, und was hast du daraus gelernt?

UMSETZUNG IM ALLTAG

Bedenke, dass ein Lächeln oder ein aufrichtiges Lob ebenfalls Sadaqah ist. Sei heute bewusst großzügig mit deiner Freundlichkeit. Wie hast du dich danach gefühlt?

Gib eine Spende, ohne dass jemand außer Allah (SWT) davon weiß. Lasse dies eine intime Handlung zwischen dir und deinem Herrn sein.

GÖTTLICHE WEISHEIT FÜR DEN TAG

Diejenigen, die ihren Besitz bei Nacht und Tag, heimlich oder öffentlich ausgeben, haben ihren Lohn bei ihrem Herrn, und keine Furcht soll sie überkommen, noch werden sie traurig sein.

(Surah Al-Baqarah, 2:274)

RAMADAN TAG 28:
Hölle

Die Vorstellung der Hölle im Islam ist nicht nur eine Warnung, sondern auch eine Einladung zur Reflexion und Umkehr. Allah (SWT) hat uns die Hölle als eine Realität beschrieben, die die Konsequenzen von Ungerechtigkeit, Hochmut und Sünden zeigt.

Gleichzeitig erinnert uns der Qur'an daran, dass die Türen der Reue immer offenstehen, solange wir leben. Das bedeutet, dass der Weg ins Paradies Mühe und Geduld erfordert, während die Hölle das Resultat eines Lebens ohne Selbstdisziplin und Gottesfurcht ist. Lass uns den Ramadan nutzen, um bewusst unsere Fehler zu erkennen, unsere Taten zu verbessern und Allah (SWT) um Vergebung zu bitten.

DEIN PERSÖNLICHES GEBET

„O Allah, bewahre mich und meine Lieben vor den Qualen der Hölle. Führe mich auf den Weg Deiner Zufriedenheit und stärke mich, den Versuchungen zu widerstehen. Vergib mir meine Fehler und lasse mich zu denen gehören, die Deine Vergebung und Barmherzigkeit erlangen."

RAUM FÜR DEINE GEDANKEN

Welche Handlungen in meinem Leben könnten mich von Allah (SWT) entfernen, und wie kann ich diese ändern?

Wann habe ich zuletzt bewusst Allahs (SWT) Vergebung gesucht, und wie kann ich dies regelmäßiger tun?

Welche Wege sehe ich, um mich den Geboten Allahs (SWT) stärker zuzuwenden?

UMSETZUNG IM ALLTAG

Widme heute Zeit für aufrichtige Tawbah (Reue). Sprich das Istighfar (Astaghfirullah – „Ich bitte Allah um Vergebung“) mindestens 100 Mal. Wie hast du dich danach gefühlt?

Lies heute über die Barmherzigkeit Allahs (SWT) und darüber, wie man die Qualen der Hölle vermeidet. Nutze dieses Wissen, um praktische Schritte für deinen Alltag zu entwickeln.

GÖTTLICHE WEISHEIT FÜR DEN TAG

“Und diejenigen, die sagen: “Unser Herr, wende von uns die Strafe der Hölle ab.” Ihre Strafe ist ja bedrängend;”

(Surah Al-Furqan, 25:65)

RAMADAN TAG 29:
Integrität

Integrität ist ein zentraler Wert im Islam, der in jedem Moment unseres Lebens zum Tragen kommt. Es geht darum, das Richtige zu tun – nicht für Lob oder Anerkennung, sondern aus tiefem Respekt und Liebe zu Allah (SWT).

Integrität zeigt sich in den kleinen, stillen Entscheidungen: ehrlich zu sein, auch wenn eine Lüge leichter wäre, oder anderen zu helfen, auch wenn niemand es bemerkt. Sie spiegelt deine innere Verbindung zu Allah (SWT) wider, denn du weißt, dass Er alles sieht, auch wenn es für die Augen der Menschen verborgen bleibt. Ramadan ist eine Zeit, in der wir nicht nur auf Essen und Trinken verzichten, sondern auch unseren Charakter verfeinern. Möge dieser Tag uns daran erinnern, unsere Integrität zu bewahren und Allahs (SWT) Zufriedenheit in all unseren Taten zu suchen.

DEIN PERSÖNLICHES GEBET

„O Allah, stärke mein Herz, das Richtige zu tun, auch wenn niemand zusieht. Lass mich wahrhaftig und aufrichtig sein in meinen Worten und Taten, und bewahre mich davor, mich von den Meinungen anderer leiten zu lassen. O Allah, mach mich zu einem Diener, der Deine Nähe und Zufriedenheit über alles stellt."

RAUM FÜR DEINE GEDANKEN

Wann habe ich zuletzt eine Entscheidung getroffen, die nur Allah (SWT) gefallen sollte, obwohl es für andere unsichtbar war?

Welche Situationen stellen meine Integrität auf die Probe, und wie kann ich mich in solchen Momenten besser verhalten?

Welche kleinen Taten kann ich heute bewusst ausführen, die Allahs (SWT) Zufriedenheit suchen, auch wenn sie unbeachtet bleiben?

UMSETZUNG IM ALLTAG

Reflektiere am Ende des Tages, ob du Entscheidungen getroffen hast, die aus Aufrichtigkeit und Liebe zu Allah (SWT) resultierten.

GÖTTLICHE WEISHEIT FÜR DEN TAG

“und einer (jeden) Seele und Dem, Der sie zurechtgeformt hat und ihr dann ihre Sittenlosigkeit und ihre Gottesfurcht eingegeben hat! Wohl ergehen wird es ja jemandem, der sie läutert,”

(Surah Ash-Shams, 91:7-9)

RAMADAN TAG 30:
Paradies

Das Paradies ist das ultimative Ziel jedes Gläubigen, ein Ort, den Allah (SWT) mit unvorstellbarer Schönheit und unendlicher Freude geschaffen hat. Es ist nicht nur ein Ort der Ruhe, sondern auch die Belohnung für all jene, die auf Seinem Weg beständig geblieben sind.

Wenn wir an das Paradies denken, erfüllen uns Hoffnung und Sehnsucht. Es erinnert uns daran, dass die Prüfungen dieser Welt vergänglich sind und dass jede Mühe, die wir auf Allahs (SWT) Weg unternehmen, in der Ewigkeit Früchte tragen wird. Jede Handlung, ob klein oder groß, bringt uns einen Schritt näher an diese unermessliche Belohnung. Nutze den heutigen Tag, um dein Herz auf dieses ewige Ziel auszurichten und bewusst Schritte auf dem Weg dorthin zu unternehmen.

DEIN PERSÖNLICHES GEBET

„O Allah, ich bitte Dich um das Paradies und das, was uns ihm näherbringt, an Worten und Taten. O Allah, entferne mich von der Hölle und allem, was mich ihr annähern könnte. Lass mich zu denjenigen gehören, die Du mit Deiner Barmherzigkeit ins Paradies eintreten lässt, und gewähre mir die Nähe zu Dir."

RAUM FÜR DEINE GEDANKEN

Welche Eigenschaften und Handlungen führen mich näher zum Paradies?

Wie kann ich in meinem täglichen Leben bewusster für das Ziel des Paradieses arbeiten?

Welche Taten würde ich bereuen, wenn ich sie heute nicht ändern würde?

UMSETZUNG IM ALLTAG

Lies über die Beschreibungen des Paradieses im Qur'an und stelle dir vor, wie es wäre, dort zu sein. Schreibe sie auf und lass diese Vorstellung dein Herz beleben.

GÖTTLICHE WEISHEIT FÜR DEN TAG

Gewiß, diejenigen, die glauben und rechtschaffene Werke tun, für sie wird es Gärten geben, durcheilt von Bächen; das ist der große Erfolg.

(Surah Al-Buruj, 85:11)

NACHWORT

Alhamdulillah, dass du diese Reise durch den Ramadan mit diesem Buch abgeschlossen hast. Der Ramadan ist nicht nur ein Monat des Fastens, sondern auch eine Zeit der Transformation – ein Geschenk von Allah (subhanahu wa ta'ala), das uns die Möglichkeit gibt, innezuhalten, uns zu reflektieren und unser Leben neu auszurichten. Du hast mit jedem Tag und jeder Reflexion eine Brücke zu deinem Schöpfer gebaut und bist, so Gott will, deinem Ziel, dem Paradies, nähergekommen.

Das Ziel dieses Buches war es, dich nicht nur durch den Ramadan zu begleiten, sondern dir auch Werkzeuge an die Hand zu geben, die dich darüber hinaus stärken. Der Ramadan ist nicht das Ende deiner spirituellen Reise, sondern ein kraftvoller Anfang. Die Reflexionen, Gebete, Übungen und Qur'an-Versen, die du durchgearbeitet hast, sollen dir dabei helfen, die Verbindungen, die du in diesem gesegneten Monat aufgebaut hast, auch in den kommenden Monaten zu bewahren.

Erinnere dich daran, dass jedes Gebet, jede gute Tat und jede bewusste Entscheidung, die du getroffen hast, eine Saat ist, die in der Akhirah Früchte tragen wird. Dein Engagement, dich in diesem Monat zu verbessern, ist ein Zeichen dafür, dass Allah (subhanahu wa ta'ala) dich leitet und liebt. Und genau diese Liebe, diese Gnade und diese Hoffnung sollen dich weiterhin motivieren.

Lass die Lehren des Ramadan in deinen Alltag einfließen. Nutze die ruhigen Momente für Du'a, erinnere dich an die Kraft der Geduld, übe Tawakkul in schwierigen Zeiten, und gib weiter – sei es in Form von Sadaqah, Zeit oder einem Lächeln. Der Ramadan hat dir gezeigt, wie viel Potenzial in dir steckt, um ein Leben zu führen, das Allah gefällt.

Deine Reise zu Allah endet nicht mit dem letzten Tag des Ramadan. Sie ist eine fortwährende Reise, die in jedem Moment erneuert werden kann. Nutze das Gelernte, um Licht in dein Leben und in das der Menschen um dich herum zu bringen. Möge Allah (subhanahu wa ta'ala) dir weiterhin Kraft, Standhaftigkeit und Erfolg auf deinem Weg schenken.

Abschließend möchte ich dich mit einem wunderschönen Du'a verlassen, das den Geist des Ramadan und deine Reise zusammenfasst:

„O Allah, mache mich zu jemandem, der Dir nahe ist. Vergib mir meine Fehler, und führe mich auf dem Weg Deiner Zufriedenheit. Mache mich standhaft in meiner Liebe zu Dir und in meinen Bemühungen, Deine Gnade zu erlangen. O Allah, lass diesen Ramadan der Beginn einer lebenslangen Hingabe an Dich sein. Amin."

Möge Allah dein Fasten, deine Gebete und deine Bemühungen annehmen und dich in dieser Welt und im Jenseits segnen.

IMPRESSUM

Deutschsprachige Erstausgabe Dezember 2024

Der Autor wird vertreten durch:

Ali Sayad
Horner Weg 39
20535 Hamburg
ali.sayad20099@gmail.com

ISBN: 978-3-949991-37-0

Printed in Poland
by Amazon Fulfillment
Poland Sp. z o.o., Wrocław

44966089R00066